초속도

FAST TIMES

초속도

디지털 전환 불변의 법칙

아룬 아로라 · 피터 댈스트롬 · 클레멘스 하르타르 · 플로리안 완델리치 지음

송이루 옮김

FAST TIMES

청림출판

한 그루의 나무가 모여 푸른 숲을 이루듯이
청림의 책들은 삶을 풍요롭게 합니다.

이 책은 무엇을 논하는가?

퍼스트 무버first mover가 승리한다. 이는 디지털 시대의 냉엄한 현실이다. 우리 연구에서도 선발주자의 이점은 분명하게 드러난다. 경쟁에서 앞서나가려면 가치 있는 것을 가장 먼저 시장에 대규모로 공급해야 한다. 그것이 새로운 제품이든, 새로운 플랫폼이든, 아니면 우수한 고객 서비스든 간에 말이다. 반면 패스트 팔로어fast follower 전략을 채택한 기업은 퍼스트 무버를 뒤따르며 경쟁시장에서 살아남을 수는 있겠지만, 여전히 위험을 떠안아야 한다. 패스트 팔로어 전략을 따랐지만 충분히 재빠르게 추격하지 못한 기업들의 예는 쉽게 찾아볼 수 있다.

선두에 서려면 당연히 민첩하게 움직여야 한다. 속도가 관건이다. 하지만 속도 그 자체는 신중한 실행 계획과 행동의 결과물이지, 경쟁

우위를 결정짓는 주요 원인이 될 수는 없다. 무엇보다 중요한 건 올바른 방향을 설정하고, 경쟁업체보다 빠르게 학습하고, 적응하는 데 도움이 될 만한 방법과 행동을 개발하는 것이다.

새로운 변화가 기존의 질서를 파괴하며 비즈니스 환경을 끊임없이 뒤엎고 있다. 경쟁을 넘어 새로운 기술을 빠르게 익히지 못하거나 변화에 적응하지 못하는 기업들은 밀려오는 변화의 물결에서 도태될 위험이 있다. 하지만 이러한 속도의 의미를 논하려면 먼저 기업이 올바른 방향으로 나아가야 한다.

디지털 승자 기업들은 조직의 핵심 영역에 적응형 학습adaptive learning 엔진을 갖추고 있다. 이들은 신중하게 개발한 기술과 분석 기법, 역량과 인력을 활용해 기업 가치를 발견하고, 아이디어를 고객에게 적용해 시험해보고, 학습한 내용을 토대로 변화에 신속하게 적응한다.

이처럼 학습하고 적응하는 역량의 개발이야말로 모든 디지털 전환digital transformation의 목표가 돼야 한다. 이 책《초속도》는 기업이 강력한 전략 방향을 설정한 후 경쟁사를 뛰어넘어 더 빠르게 학습하고 적응하기 위해 취할 수 있는 가장 중요한 대응 방법을 집중적으로 조명할 것이다.

누가 이 책을 읽어야 하는가?

이 책은 디지털 전환의 지지부진한 진행 속도와 제한적인 투자수익률ROI에 좌절하고 문제의 원인조차 확실히 파악하지 못하는 기업의 고위 경영진이 읽어야 한다.

우리는 디지털 전환에서 정말 중요한 요소가 무엇인지를 재빠르게 이해하고자 하는 기업 리더들을 위해 수십 개의 디지털 프로그램을 이끌었고, 그 경험을 바탕으로 이 책을 집필했다. 그렇기에 이 책은 속도와 가치 면에서 기업의 성과에 커다란 영향을 끼친 것으로 드러난 몇 가지 실행에 초점을 맞춘다.

《초속도》는 경영진에게 던지는 중요한 질문들로 구성돼 있다. 독자들은 이를 통해 무엇이 디지털 전환을 위한 조치인지 짚어보고 가장 관련성 높은 내용을 쉽게 찾을 수 있을 것이다.

이 책은 디지털 전환을 위한 종합적인 청사진을 제공하지 않으며, 디지털 전환이 필요한 이유에 대해서도 다루지 않는다. 이 책은 이미 디지털 전환의 필요성을 인지하고 혁신을 이루기 위한 여정에 나선 경영진을 대상으로 쓰였다. 하지만 은퇴를 앞두고 있는 최고경영진과 이사진에게는 그다지 유용하지 않을 것이다. 임기 내에 이 책에서 제안하는 여러 가지 방안을 이행하기에는 시간이 부족하기 때문이다.

이 책은 디지털 전환을 기업의 3대 우선 과제로 삼은 리더들을 위한 책이다. 우리는 《초속도》가 경영진에게 새로운 관점을 제시하는 계기가 되길 바란다. 경영진이 기업의 목표를 새로운 시선으로 바라본다면 당면한 문제를 극복하고 디지털 전환을 가속화할 수 있을 것이다.

디지털 승자의 조건, 초속도

디지털 전환을 이루기 위해서는 올바른 방향을 설정하고 현재와 미래의 경쟁업체보다 더 빠르게 새로운 기술을 학습하고 적응할 수 있는 방법에 초점을 맞춰야 한다. 이러한 과정은 몇몇 기업에게 복잡하고 힘겨울 수 있다. 하지만 그동안 우리가 경험한 컨설팅 사례에 비춰 볼 때, 몇 가지 중요한 사실을 명심한다면 디지털 전환을 성공적으로 달성할 수 있을 것이다.

디지털 전환에는 생각보다 많은 노력이 필요하다

2014년 실리콘밸리의 벤처 투자가이자 골든스테이트 워리어스 Golden State Warriors 농구팀 구단주인 조 라코브Joe Lacob는 중대한 결정을 내렸다. 하위권에 머물던 워리어스 팀을 재정비해서 플레이오프 진출이라는 새 역사를 쓴 마크 잭슨Mark Jackson 감독을 해임하기로 한 것이다. 라코브는 그저 좋은 팀이 되는 것만으로는 챔피언십에서 우승할 수 없다는 사실을 깨닫고, 우승을 거머쥘 만큼 훌륭한 팀을 만드는 데 승부를 걸어보기로 했다. 그리고 그의 생각은 적중했다. 골든스테이트 워리어스는 그 후 4년 동안 챔피언십 우승을 3회나 차지했다.

오늘날 이 정도의 야망을 품고 노력을 기울이는 기업을 찾아보기는 쉽지 않다. 일부 기업이 디지털 이니셔티브digital initiative를 목표로 상당한 진전을 이뤄내긴 했지만, 상당수는 여전히 초기 단계에서 벗어나지 못한 채 '파일럿 연옥pilot purgatory(기업의 혁신의지가 부족해 시범 운용 프로젝트만 수년째 반복하는 현상을 이르는 말―옮긴이)'에 정체돼 디지털 전환의 이점을 지속하거나 확대하지 못하고 있다. 야심 찬 포부도 중요하지만, 그에 상응하는 노력이 뒤따라야 비로소 목표 수립의 의미가 생긴다. 충분한 시간을 두고 필요한 규모의 자금과 자원을 배정하지 않는다면, 디지털 전환의 가치는 아무리 전망이 밝아도 영원히 손에 잡히지 않는 신기루로 남을 것이다.

그렇다면 여기서 노력이란 무엇을 의미할까? 연구 결과에 따르면,

승자 기업들은 디지털 투자의 규모와 범위 면에서 다른 기업들을 크게 앞지른다. 업계 평균보다 세 배나 많은 금액을 새로운 기술에 투자한 기존 기업은 디지털 기업을 인수할 가능성이 크고, 자사의 핵심 사업을 침범하는 자기시장잠식cannibalization을 마다하지 않으며 후발 주자들보다 2.5배나 많은 매출 성장을 달성한다.[1]

이러한 수준의 노력을 기울이려면 적합한 인재를 찾아 훈련시키는 기존의 인사HR 프로세스를 완전히 뒤엎어야 한다. IT 시스템의 현대화와 재정비도 필요하다. IT 시스템이 모듈식modular(시스템을 구성하는 플랫폼과 앱 등이 서로 독립적으로 설계, 실행, 운영되는 형태 – 옮긴이)으로 전환되고 충분히 유연해지면 그만큼 새로운 제품과 서비스를 테스트하고 신속하게 적응할 수 있다. 더 나아가 의사결정을 촉진하고 자동화하고 개선하기 위해서는 조직의 전반적 프로세스에 고급분석advanced analytics 기능을 적용해야 한다. 새로운 프로세스와 성과 관리 시스템을 구축해 학습하고 적응하는 조직문화도 장려해야 한다. 장기적으로는 전환에 필요한 최고의 인력과 자원을 반드시 효율적으로 배치해야 한다.

고삐를 늦출 때와 조여야 할 때

성공하려면 속도를 낼 때와 늦출 때를 판단하고 적절히 조절할 줄 알아야 한다. 잘못된 방향으로 내달리면 제자리에 멈춰 서 있는 것만 못하다. 뻔한 말처럼 들릴지 모르지만, 실제로 경영진에게 빨리 행동해야 한다는 압박은 커다란 부담으로 작용한다. 경영진은 압박에 시달린 나머지 일을 정신없이 진행하고 잘못된 의사결정을 내리기도 한다. 이로 인해 일어난 문제를 다시 고치느라 비용을 초과 지출하거나 일정이 연기되고, 더 심해지면 사업 실패로 이어지기도 한다. 신중한 계획과 적응형 실행adaptive execution 방안이 함께 수립되지 않는다면 기업은 방향성을 잃은 채 그저 속도만 내는 위험에 빠질 수 있다.

　따라서 일을 제대로 수행하기 위해서는 충분한 시간을 들이는 것이 중요하다. 이는 사업 가치가 있을 만한 조직 안팎의 영역을 파악하는 데 시간을 투자하는 것에서부터 시작된다. 이를테면 대기업은 데이터와 고급분석을 통해 조직 전반에 걸쳐 모든 프로세스를 디지털화하거나 개선할 수 있는 방법을 찾아내 엄청난 비용을 절감할 수 있다. 이와 동시에 승자 기업은 자사의 사업 분야 밖에서 편집증적으로 끊임없이 트렌드를 파악하고, 고객의 충족되지 않은 잠재 니즈를 조사하고, 시장의 비효율성을 알아차린다. 이러한 사고방식을 바탕에 두면 여러 선택지를 이해하고 정말로 해결해야 할 문제를 명확하게 구분해 해결 방안을 모색할 수 있다.

　디지털 전환은 매우 복잡하므로 충분한 시간을 들여 원하는 비즈니스 운영 모델이 무엇인지 확실히 정하는 것이 중요하다. 근본적으로 변화가 지속될 수 있도록 모든 프로세스의 작동방식을 이해해야 한다. 기업들이 개별 프로세스와 제품, 또는 고객 세분화를 중심으로 애자일 팀agile team(환경 변화를 감지하고 빠르게 적응하는 기민한 조직 - 옮긴이)을 조직하는 방식으로 업무체계를 바꿈에 따라, 리더들은 인력을 어디에 배치하고, 보고체계를 어떻게 세우고, 어떤 인재와 시스템이 필요할지를 생각하지 않을 수 없게 됐다. 그 외 조직 관리와 관련된 수많은 요소에도 신경을 써야 한다. 물론 디지털 전환을 거치면서 전개 양상은 달라질 것이다. 하지만 리더들이 충분한 시간을 들여 실제 적응형 학습 엔진의 구조와 작동방식을 설계한다면, 개발해야 할 역량과 인력을 예측할 수 있고 결과적으로 전환 속도를 높일 수 있다.

계획을 신중하게 수립해야만 비로소 속도를 내는 의미가 있다. 여러 팀이 다양한 이니셔티브에 맞춰 발 빠르게 개발, 실험, 반복의 과정을 거칠 때 계획의 힘이 발휘된다. 조직 내 부문별로 여러 소규모 팀은 짧은 스프린트sprint(반복적인 개발 주기 - 옮긴이)로 최소기능제품MVP, minimum viable product(고객에게 가치를 제공할 수 있는 최소한의 기능을 구현한 제품 - 옮긴이)을 출시한 후, 실생활에서 제품의 성능을 테스트하고 지속적으로 개선하는 과정을 반복하면서 학습한 내용을 바탕으로 적응해나간다. 이러한 과정을 거친 팀은 시장에서 빠르게 승리를 거머쥘 수 있다. 실제로 단 세 명으로 구성된 소규모 팀이 며칠이나 몇 주 만에 수백만 달러를 벌어들인 사례도 있다.

좋은 기업에는 좋은 인재가 있다

인재는 비즈니스에서 언제나 중요한 요소였지만, 기술의 강력한 영향과 변화에 발 빠르게 적응하고 학습해야 하는 어려움 때문에 인재의 중요성이 더욱 부각되고 있다. 인재는 조직에 급격한 변화를 불러일으킬 수 있다. 필요한 인력을 찾는 것도 중요하지만, 적합한 인력을 찾는 것은 더욱 중요하다. 능력이 탁월한 최상급 디지털 실무자는 일반 직원보다 생산성이 최대 열 배나 높다. 그리고 최고의 인재는 또 다른 최고의 인재를 불러오기 마련이다.

데이터 분석가, 제품 책임자, 애자일 코치, 디자이너, 데이터 엔지니어 등 훌륭한 인재를 찾으려는 기업은 인사부서를 완전히 뜯어고쳐서 필요한 인재상을 명확하게 선정하고 그러한 인재를 채용할 새로운 방법을 생각해내야 한다. 우수한 인사팀은 디지털 전환 담당 부서와 긴밀하게 협력해 조직이 앞으로 필요로 할 인재 채용을 계획하기도 한다. 기업의 이니셔티브가 아무리 유망할지라도 인재 파이프라인(인재를 공급하고 양성하는 시스템 – 옮긴이)이 뒷받침되지 않으면 결국에는 흐지부지되기 십상이다.

하지만 기업이 최고의 인재를 원한다고 한들 그들 역시 해당 기업을 원한다는 보장은 없다. 훌륭한 인재는 기업이 진정성 담긴 강력한 직원가치제안employee value proposition(인재가 조직을 선택하고 함께 일해야 하는 이유에 대해 조직이 직원에게 내놓는 제안 – 옮긴이)과 기업의 브랜드에 아낌없이 투자하기를 기대한다. 그들은 명확한 커리어 패스career path(경력을 쌓고 직무를 경험하는 과정 - 옮긴이)와 실제로 영향력이 있는 프로젝트, 영감을 얻을 수 있는 업무, 최첨단 소프트웨어 작업 능력 등 의미 있는 가치와 경험을 제시하는 기업을 선호한다.

기업은 신규 인력에게 이러한 비전을 제시해야 할 뿐 아니라, 수많은 기존 인력에게도 재교육의 기회를 제공해야 한다. 뛰어난 학습능력을 발휘하는 조직은 직원들의 지속적인 성장을 위해 학습 여정에 꾸준히 투자한다. 기술을 활용한 강의실 교육과 직무별 현장 훈련을 적절히 조합할 때 가장 강력하고 효과적인 학습을 할 수 있다. 이렇게 앞서나가는 기업들은 직원 개개인을 위한 맞춤형 학습을 제공하고, 필요한 때와 장소에 학습 자산을 제공하기 위해 기술을 활용하고, 새로운 직무에 도전해서 새로운 실무 기술을 익힐 기회도 제공한다.

소프트 기술과 하드 기술을 두루 활용하라

맥킨지McKinsey에서 진행한 연구에 따르면, 문화는 디지털의 휴효성을 가로막는 가장 큰 장벽이다. 민첩성agility은 성공적인 학습문화의 핵심 구성요소다. 소규모로 구성된 여러 개의 교차기능팀cross-functional team(프로젝트나 제품 단위로 각 부서 직원을 차출해 꾸리는 팀 - 옮긴이)이 함께 일하며 제품을 테스트하고 학습하는 과정을 빠른 주기로 반복하는 것이다. 이러한 애자일 방식이 효과를 발휘하려면 직원들에게 실패해도 괜찮다는 믿음을 심어줘야 한다. 실패의 가치를 높이 평가해 보상하고 직원들에게 더 나은 도구tool를 제공한다면 직원들은 자신감을 갖고 스스로 의사결정을 내릴 수 있다. 리더는 신속하게 예산을 지원하고, 성과를 관리하고, 조직을 하나로 통합하는 고객층에 집중하는 등 안정적으로 조직을 관리하는 동시에 안전하고 유연한 학습환경을 지원해야 한다.

디지털에서 가치를 뽑아내는 능력을 갖추기 위해서는 유연하게 반응하는 기술과 데이터, 그리고 이를 자유자재로 활용하는 직원이 필요하다. 노후된 기술로는 이러한 환경을 조성하기가 거의 불가능하다. 오래된 기술은 대기업들의 발목을 잡기 일쑤다. 디지털 솔루션과 통합하기도 어려울뿐더러 유지 보수가 번거롭고 비용이 많이 들기 때문이다.

그렇지만 기업 환경은 변화하고 있다. 클라우드 기술이 확대되고, 새로운 마이크로서비스 아키텍처microservice architecture(애플리케이션을 여러 개의 작은 서비스 애플리케이션으로 쪼개 이해, 개발, 테스트, 확장이 용이하도록 만든 아키텍처 – 옮긴이)가 등장하고, 소프트웨어 개발과 배포 프로세스가 고도로 자동화되면서 기술 분야에서의 모범사례best practice에 대한 오랜 신념이 근본적으로 흔들리고 있다. 이러한 기술적 발전 덕분에 엔드 투 엔드end-to-end IT와 데이터 플랫폼 리뉴얼을 그 어느 때보다도 빠르고 저렴하게 추진할 수 있게 됐다.

하지만 기업은 기술 리뉴얼 방식을 아웃소싱할 수 없다. 기술 리뉴얼을 진행할 때는 빠르게 반복하는 과정을 거쳐야 하므로 필요한 관련 역량을 사내에 갖추고 있어야 한다. 승자 기업은 '자체 개발build-it-here' 방식을 따르며, 코드를 잘 다룰 줄 아는 자사 개발자들을 활용해 계속해서 디지털 솔루션을 만들어낸다. 그리고 사이버 리스크cyber risk(네트워크와 정보기술로 사이버 공간에서 발생할 수 있는 손실 – 옮긴이)가 기업에 막대한 피해를 안길 가능성이 있다고 판단하고, 사이버 리스크 관리를 단순 제어 기능이 아닌 디지털 전환 프로그램의 핵심 영역으로 지정한다.

늘 언제 어디에서나 학습해야 한다

비즈니스의 세계에서 생존의 열쇠는 '늘 학습한다'는 뜻을 지닌 ABL Always Be Learning로 줄여 표현할 수 있을 것이다. 아마존Amazon의 인사 책임자인 베스 갈레티Beth Galetti는 다음과 같이 말했다.

"고객의 니즈는 진화하고 성장하기 때문에 아마존 직원 모두에게 지속적인 학습은 필수이다."

경영진에게 학습은 우선 회사 안팎에서 일어나는 상황을 파악하는 것에서부터 시작된다. 그들은 회사의 성과와 건전성에 대해 어렴풋이 알고 있을 뿐, 시장 상황에 대해서는 위험할 정도로 이해가 부족한 편이다. 이와 같은 어설픈 지식과 전적인 무지의 조합은 매우 위협적이다. 자신의 회사와 경쟁사의 위치를 좀 더 명확하게 이해하는 데 초점을 맞춘 프로그램만이 리더들의 의사결정에 도움을 줄 수 있다. 실제로 비즈니스 혁신을 가로막는 고정관념이나 관습 등의 장벽을 뛰어넘어 훌륭한 성공사례를 찾아 배우는 것이 무엇보다 가치 있고 중요할 때가 많다.

일선에서 학습은 끊임없는 실험으로 나타난다. 팀은 무엇이 효과적이고 무엇이 효과적이지 않은지 파악하고, 그 경험을 바탕으로 비즈니스를 발전시킨다. 최고의 기업은 쉽게 지식에 접근하고 학습한 내용을 공유할 수 있도록 학습 인프라와 전용 프로세스를 구축해서 학습을 통한 비즈니스 개발을 지원한다. 실제로 협업 플랫폼처럼 정보 접근성이 뛰어난 디지털 도구를 구현해낸 기업은 그러지 않은 기업보다 디지털 전환에 성공할 가능성이 두 배나 높은 것으로 보고됐다.

학습은 현장에서 일하는 직원에게만 적용되지 않는다. 경영진도 늘 배움을 게을리하지 않아야 한다. 학습의 중요성은 특히 기술 영역에서 두드러진다. 기술은 진정한 디지털 전환에서 빠질 수 없는 필수 요소고, 이는 경영진이 재무 같은 분야에 친숙하듯 이제 기술에도 익숙해져야 한다는 뜻이다.

이 모든 것이 불가능한 일처럼 들린다면, 대기업이 누리는 엄청난 이점을 떠올려보자. 이를테면 대기업은 강력한 브랜드와 이미 확립된 고객층, 복잡한 대형 사업을 운영해본 경험, 그리고 자본조달 능력을 갖추고 있다. 학습과 적응은 결국 마음가짐에 달려 있다는 점도 기억하자. 당신과 조직은 배움에 전념하기에 아직 늦지 않았다.

역사상 가장 위대한 예술가로 손꼽히는 미켈란젤로**Michelangelo Buonarroti**는 88세 때 이런 말을 했다. "나는 아직도 배우고 있다."

PART 1 전략
: 디지털 시대, 기업의 전략은 무엇인가

PART 1
전략

디지털 시대,
기업의 전략은 무엇인가

1 《《
전략은 급하게, 전환은 더디게
진행되고 있는가?

_____ 진정한 가치 실현을 위해 신중하게 전략을
세우는 작업은 처음에 오랜 시간이 소요되지만, 나중에는 엄청나게 빠른 속도로 전환을 일
으킬 수 있다.

뚜렷한 목적 없이 속도만 높이는 행위는 무의미하다. 디지털 전환을
촉진하기 위한 전략을 개발할 때에는 더더욱 그러하다. 속도는 신중
하게 계획한 조치와 행동의 결과물이다. 기회를 포착하고 나아갈 길
을 결정하는 데 다소 시간이 걸리기는 하지만, 심사숙고한 만큼 나중
에는 훨씬 신속하게 움직일 수 있다. 잘못된 방향으로 번개같이 마구
돌진하기보다는 마음을 열고 적절한 준비 태세를 갖춘 다음 올바른
방향으로 나아가는 것이 언제나 더 빠른 법이다.

디지털 시대라고 해서 가치를 파악하고 추구할 방법을 알아낸다는
전략의 주요 목적이 바뀌는 것은 아니다. 하지만 가치의 원천, 그리고
전략을 수립하고 실행하는 방법은 달라졌다. 이러한 변화가 무엇을

의미하는지 이해하려면 디지털 전환에 필요한 가치를 창출하는 전략과 의미 없이 두통만 유발하는 전략의 차이를 알아야 한다.

그동안 우리가 경험한 컨설팅 사례를 보자면 안타깝게도 기업들은 전략이 확보해야 할 가치가 무엇인지 정확히 파악하는 데 충분한 시간을 쏟지 않는다. 시장 원리나 고객의 니즈를 잘못 이해했거나 분석이 부족한데도, 이를 근거로 가치 목표를 잘못 설정하곤 한다.

노르웨이 에너지 기업 아커 BP**Aker BP**가 설립한 스타트업 코그나이트**Cognite**의 CEO 욘 마르쿠스 레르비크**John Markus Lervik**는 이렇게 말했다. "앞으로 나아갈 방향을 알아내기 위해 먼저 초반에 시간을 투자하는 것이 빠르게 움직일 수 있는 유일한 방법이다." 아커 BP는 데이터 접근성과 활용도를 높여 대규모 업무 개선과 협업을 이끌어낼 확실한 비즈니스 기회를 발견했다. 하지만 이 기회를 잡을 방법을 알지 못했던 임원들은 성급하게 일을 추진하지 않고 6개월 동안 여러 가능한 수단을 살펴봤다.

이렇게 잠시 멈춰 서서 문제를 고민한 것은 매우 현명한 조치였다. 아커 BP의 경영진은 처음에 외부 공급업체와 협력할 방안을 떠올렸지만, 회사의 비전을 다듬고 잠재 협력사들과 이야기를 나누는 과정에서 회사에 필요한 능력을 두루 갖춘 협력사가 아예 없다는 사실을 깨달았다. 이는 매우 중요한 통찰이었다. 하마터면 가망 없는 전략을 추진하는 데 막대한 시간과 돈을 낭비할 뻔했기 때문이다. 레르비크는 당시를 회상하며 다음과 같이 밝혔다. "충분한 시간을 들여 문제를 들여다본 후에야 비로소 깨달을 수 있었다." 아커 BP는 외부 업체를 찾는 대신 자체 사업체로 코그나이트를 설립했고, 코그나이트는 네 가지 사업 부문에 걸쳐 유럽에서 선도적인 데이터 솔루션 기업으로 빠르게 자리매김할 수 있었다.

디지털 전환의 잠재력을 최대한 활용하기 위해서는 업무를 두 가지 단계로 나눠 목적을 갖고 신중하게 추진할 필요가 있다. 우선은 현재 기업의 운영 방식을 개선하기 위해 취할 수 있는 크고 작은 모든 변화를 부지런히 계획하고 실행에 옮겨야 한다. 이와 동시에 새로운 기회의 장을 열어줄 새로운 이니셔티브를 파악하고 과감하게 진행해야 한다.

기업 내부에서
가치를 발견하라

이익을 극대화할 수 있는 의미 있는 전략을 세우기 위해서는 조직의 모든 측면을 두루 살펴보고, 디지털 기술로 업무를 빠르고 효율적으로 수행해 실적을 개선할 기회를 찾아야 한다. 즉 매출과 순이익을 모두 개선할 기회를 포착해야 한다. 이는 기업이 초창기에 린lean 경영 방식(빠르게 시제품을 만들어 시장에 내놓은 후 시장 반응에 따라 제품을 수정해 성공 가능성을 높이는 경영 방식으로 업무 프로세스에서 가치 생산에만 집중하고 그 밖의 모든 낭비 요소를 제거한다 – 옮긴이)을 도입하거나 업무를 위탁해 개선점을 찾아가는 과정과 다르지 않다.

실적을 개선할 방법에는 프로세스 자동화, 온라인 채널 추가, 기술 단순화, 교차 판매 증대를 위한 세분화된 고객 데이터 수집 등이 포함될 수 있다. 한 제약회사는 고급분석 기법을 활용해 임상실험 장소 선정 절차를 개선할 수 있다는 사실을 알아냈다. 덕분에 환자들을 찾아내고 등록하는 시간을 15% 줄이고 전체 비용을 10~15% 절감할 수 있었다.

마찬가지로 한 통신회사는 비슷한 분석 과정을 거쳐, 조직 전반에 디지털 역량을 접목하면 EBITDA**Earnings Before Interest, Tax, Depreciation, and Amortization**(이자, 세금, 감가상각비, 무형자산 상각비 들을 차감하기 전 순수익의 약자 – 옮긴이)가 약 25~50% 증가할 수 있다는 결론에 이르렀다. 고객 서비스를 자동화해 수익을 1% 높이고, 네트워크 운영에 고급분석을 적용해 수익을 15% 높이는 등 실적을 개선할 다양한 기회도 발견했다.

인공지능AI과 고급분석 기술을 활용하면 잠재가치를 찾는 데 필

에코시스템(생태계) 전략이 있는가?[2]

60조 달러 2025년까지 에코시스템이 벌어들일 잠재 수익

12곳 중 7곳 전 세계 대기업 중에서 현재 에코시스템으로 운영되는 기업의 수

3% 기존 기업 중에서 공격적인 플랫폼 전략을 취하고 있는 기업의 비율

요한 풍부한 정보를 얻을 수 있다. 맥킨지 분석에 따르면 이 두 가지 기술의 잠재가치는 모든 산업 부문에 걸쳐 약 9조 5,000억~15조 5,000억 달러에 이른다. 잠재가치의 상당 부분은 기업들이 기존 업무 프로세스를 개선하는 데서 창출된다. 하지만 이러한 가치를 확보하려면 어느 정도 시간을 들여 인공지능과 고급분석이 가장 큰 영향을 미칠 수 있는 영역을 알아내야 한다. 소비재 부문에서 가치는 주로 공급망 관리(예: 예측 정확도 개선)와 제조(총수익, 에너지, 전반적인 관리를 비롯한 실무, 재고와 부품 최적화 등을 포함)에서 나온다. 보험업과 소매업에서는 인공지능과 고급분석 가치의 가장 큰 원천으로 마케팅과 영업 실무(예: 가격 책정과 프로모션 최적화, 고객 서비스 관리)를 꼽을 수 있다.[3]

인공지능과 고급분석 기술이 가져올 기회는 특히 주목할 만하다. 맥킨지가 진행한 조사에 의하면 현재까지 창출된 가치는 극히 일부에 지나지 않으며, 몇몇 산업 부문에서는 가치 창출 비율이 아직 10%에 불과하다. 맥킨지 AI 지수는 기업들이 인공지능과 고급분석 기법을 성공적으로 수용하면서 선두기업과 후발 기업 간 격차가 점점 벌어지고 있음을 보여준다.[4]

위와 같은 결과에서 알 수 있듯, 기업들은 기존 업무 프로세스에서 얼마나 많은 가치를 추출해낼 수 있는지 제대로 파악조차 못 하는 모습을 보이곤 한다. 이러한 문제를 극복하려면 가치를 체계적으로 파악할 접근 방법, 그리고 디지털 기술과 분석 기법의 잠재력을 이해할 수 있는 전문지식이 필요하다.

새로운 가치를
과감히 추구하라

디지털은 향후 판도를 뒤바꿀 만한 새로운 이니셔티브를 펼칠 수 있는 길을 제공한다. 하지만 기업이 이러한 새로운 길을 찾기 위해서는 기존 프로세스를 개선할 때 가치를 체계적으로 발견하고 측정해야 한다. 최고의 기업은 노력할 만한 가치가 있고 지속 가능하며 규모가 있는 잠재 니즈를 포착하는 데 뛰어나다. 고객에게 제공할 고유한 가치를 이해하고 그 가치를 제공할 새로운 기술적 방법을 찾아낸다면, 고객의 니즈를 충족할 새로운 비즈니스 모델과 제품 영역을 발견할 수 있다. 이는 궁극적으로 기업을 새롭게 재탄생시킬 것이다.

150년의 역사를 자랑하는 독일의 우편 물류 서비스 기업, 도이체 포스트 DHL 그룹Deutsche Post DHL Group은 더 빠르고 효율적인 우편 배달을 위해 전기 운송차량을 개발하기로 했다. 하지만 차량 개발에 기꺼이 협력해줄 제조업체를 좀처럼 찾을 수 없었다. 2014년, 도이체 포스트는 전기 화물차를 만든 경험이 있는 스트리트스쿠터StreetScooter라는 이름의 작은 스타트업을 인수했고, 이를 계기로 엄청나게 빠른 속도로 완전히 새로운 역량을 개발할 수 있었다. 전기차량을 처음 업무에 도입한 지 몇 년이 지난 지금까지 약 6,000여 대의 전기 운송차량이 총 2,600만 킬로미터를 주행했다. 도이체 포스트는 생산 능력을 두 배로 늘리기 위해 두 번째 전기차 생산 공장도 세웠다.[5]

도이체 포스트 DHL 그룹이 전기차 개발에 뛰어들었을 때 보여준 과감한 실행력이라는 특징은 성공적인 기업 전략에서 주로 나타난다. 기회를 포착하는 것만으로는 충분하지 않다. 기회를 찾고 적극적으로 추진해야 한다.

전통적인 농기계 제조업체에서 훨씬 강력하고 매력적인 기업으로 탈바꿈한 존 디어John Deere도 좋은 예이다. 존 디어의 대표 상품은 녹색과 노란색이 어우러진 트랙터였지만, 이제 존 디어는 농부들에게 기상 상태에 대해 조언하고, 파종 시기와 방법을 정확히 알려주고, 유지 보수 필요성을 예측하는 소프트웨어까지 제공한다. 더 빠르고 튼튼한 농기계를 생산하는 데 집중하는 대신, 현재 고객이 직면한 가장 시급한 문제를 먼저 들여다본 후 거기서부터 거꾸로 일을 시작해나간 것이다. 이로써 존 디어는 또 다른 비즈니스 기회를 발견했고, 결국 회사의 비전을 더욱 확장할 수 있었다. 이제 존 디어는 세계 최고의 트랙터 제조회사가 아니라, 세계 최고의 농업기술 기업이 되어 농부들의 생산성 극대화를 지원할 수 있기를 열망하고 있다.

평안Ping An은 기업의 대담한 행보가 다양한 형태로 이뤄질 수 있다는 사실을 잘 보여준다. 중국계 금융 그룹인 평안은 생태계의 접근 방식을 따랐다. 평안은 2013년부터 핵심 사업인 보험업에서 벗어나 사업 영역을 확장했고, 거의 5억 명에 달하는 온라인 고객을 확보했으며, 산업 전반에 걸쳐 열한 개의 새로운 디지털 플랫폼을 만들었다. 이제 140만 명으로 늘어난 평안 보험 설계사들은 모두 회사에서 자체적

파괴적인 전략은 산업 부문에서 일어나는 치열한 디지털화에 맞설 수 있는 강력한 대응책 [6]

+4% 파괴적인 전략으로 매출 상승

— 0%

-12% 전략적 변화 없이 완전한 디지털화가 일어난 부문에서 매출 하락

으로 만든 디지털 도구와 앱을 사용한다.[7]

위 사례들은 성공의 또 다른 특징인 선도하는 리더십의 중요성을 잘 보여준다. 우리가 진행한 연구에 따르면 디지털화를 선도하지 못하는 기업들은 평균적으로 매출이 12% 감소하는 모습을 보인다. 반면에 파괴적인 전략disruptive strategy과 적절한 실행을 구사하며 앞서나가는 기업들은 침체에 빠진 기업보다 매출을 16%나 높일 수 있다.[8]

물론 앞서 나가는 기업이란 단지 시장에 첫 번째로 진출한 기업을 의미하지는 않는다. 선두기업은 인재부터 기술에 이르기까지 필요한 성공 요인을 갖추고 시장에 먼저 진출한 기업을 가리킨다. 패스트 팔

로어 방식이 좀 더 익숙하게 느껴질 수는 있지만, 지나칠 정도로 주의를 기울여야 할 때가 많다. 더 빠르게 움직이는 다른 패스트 팔로어, 즉 경쟁업체에 새로운 시장뿐 아니라 기존 시장까지 빼앗길 가능성이 있기 때문이다.

과감한 접근 방식은 투자 결정에도 반영된다. 디지털 전환을 진지하게 고민하는 기존 기업들은 새로운 기술에 동종업계 다른 기업보다 세 배나 많은 자금을 투자하고, 디지털 기업을 인수할 가능성이 크며, 자사의 핵심 사업을 침범하는 자기시장잠식도 주저하지 않는다.[9] 선두기업들은 인공지능에도 훨씬 많이 투자하고 있다. 한 설문조사에 따르면 고도로 디지털화된 기업들의 19%가 전체 디지털화 지출의 5분의 1 이상을 인공지능에 쏟아붓는다고 답했다. 반면 다른 기업들은 8%만이 그렇다고 답했다.[10]

파괴를 준비하라

기업들이 직면한 불편한 현실은 큰 그림을 내다보고 대담하게 행동해야 할 필요성을 일깨워준다. 기술 시대에 파괴는 머지않아, 어쩌면 생각보다 훨씬 가까운 미래에 일어날 것이다. 오랜 성공의 역사를 써온 기업들이 다가오는 재앙을 잘 알아채지 못한다는 것은 이미 잘 알려진 사실이다. 그들은 회사의 비즈니스를 보호하는 울타리가 실제보다 훨씬 넓게 쳐져 있고, 땅속 깊이 탄탄하게 박혀 있다는 착각에 빠지곤 한다.

그렇지만 파괴에 대비할 방법은 있다. 파괴는 지진이나 허리케인, 천재지변과 다르다. 난데없이 벌어지는 일이 아니다. 파괴는 힘의 결과물이며, 이는 모니터링이 가능하다. 따라서 외부 활동을 부지런히 추적하고 주시하는 행동은 중요한 성공 요인이다. 현재 시장에서 작용하고 있는 여러 힘과 그것들이 자사의 사업 부문에 끼치는 영향을 이해하는 기업이라면, 파괴로 인한 잠재적인 '피해자'에서 미래의 '파괴자'로 거듭날 수 있다.

디지털은 근본적으로 시장의 비효율성을 빠르게 해결할 수 있는 획기적이고 새로운 길을 열어준다. 더 나은 비즈니스 모델을 내세운 기업이 시장에 확실히 진출한다면, 고객은 즉시 기존 기업에서 등을 돌릴 것이다. 어쩔 수 없이 필요한 양보다 많이 구매하고, 오래 기다리고, 내야 할 금액보다 많이 지불하며 온갖 불편함을 감수해온 충성고객일지라도 예외는 아니다.

실리콘밸리의 선구자이자 인텔Intel의 전 CEO인 앤드루 그로브An-drew Grove는 이러한 비즈니스의 취약성을 두고 "편집광만이 살아남는다"라는 함축적인 해결책을 제시했다. 그는 1988년에 출간한 동명의 책《편집광만이 살아남는다》에서 급변하는 상황에 빠르게 적응해야 할 필요성을 강조했다. 그는 부지런히 위협(또는 기회)을 찾아야 변화에 적응할 시간을 확보할 수 있다고 주장했다.

데이터 분석을 통해 더 많은 가치를 창출하는 기업은 동종 업계의 다른 기업보다 훨씬 많은 금액을 더 현명하게 투자한다.[11]

13배 ▬▬▬▬▬▬▬▬▬▬▬▬▬▬

IT 예산을 분석에 더 많이 지출할 가능성

2.5배 ▬▬

분석에 더 많이 지출하기로 계획할 가능성

늘 최신 소식을 파악하고 업계 안팎에서 열리는 다양한 행사에 참여하는 것은 좋은 시작이 될 수 있다. 또한 벤처기업에 투자하는 벤처캐피털의 시각으로 고객의 행동 변화를 분석하고 유망한 스타트업들의 펀딩 라운드에도 꾸준히 관심을 가질 필요가 있다. 이처럼 시장 상황을 살피는 노력은 단순히 현재 회사의 비즈니스를 보호하기 위해서라기보다 더 나은 비즈니스 모델을 구축해 기존 시장의 수요-공급 동력을 바꿀 기회를 발견하기 위해서여야 한다. 기업이 건전한 수준의 편집증적인 노력을 유지하려면 시장에서 일어나는 파괴적인 위협과 기회를 모니터링하고 측정하는 전문가나 팀이 필요하다.

진정한 편집광처럼 활동하는 기업은 새로운 정보를 흡수하고, 외부 전문가와 분석가, 자문가 등 새로운 관점을 제공하는 사람이라면 누구라도 만나기 위해 애쓴다. 지난 컨설팅 경험에 비춰 보자면, 다른

새로운 분석 기법은 산업 전반에 걸쳐 새로운 파괴적인 모델에 역량을 집중시킬 수 있다.[12]

하이퍼스케일hyperscale **실시간 매칭**	**급진적인 개인화**
보험	소매
인적 자본/인재	미디어
운송과 물류	교육
대규모 데이터 통합 기능	**데이터 기반 탐색**
은행	생명과학과 제약
공공 부문	소재과학
인적 자본/인재	기술
향상된 의사결정	
스마트 시티	
의료	
인적 자본/인재	

사람들의 의견을 잘 듣지 않으려는 리더들의 오만한 태도는 머지않아 시장에서 도태될 기업에서 주로 나타나는 초기 징후이다.

유연해져라

최상위 디지털 기업들을 차별화하는 가장 대표적인 요인은 전략을 설정하고 실행하고 조정할 때 빠르게 적응하는 능력이다. 디지털 조직은 시장과 기술, 고객 선호도의 변화에 대응해 끊임없이 학습하고 적응하며 계속해서 변화한다. 이러한 조직의 리더들은 트렌드와 기회를 계속해서 살피고, 조직의 가치를 평가하고, 조직이 트렌드와 기회를 좇을 능력을 갖추고 있는지 가늠한다. 그러려면 빠르게 실행하는 전략과 뒤로 물러나 전반적인 상황을 살피는 전략을 탄력적으로 섞어가며 구사해야 한다.

어떻게 하면 이러한 전환을 이뤄낼 수 있을까? 최근 맥킨지는 기업들이 디지털 전략의 운영 지침을 따르는 빈도를 분석했다.[13] 이자와 세금을 지불하기 전 수익EBIT과 매출을 기준으로 상위 10%에 속하는 기업들은 규제상의 이유로 다른 기업 활동보다 긴 시간을 들여야 하는 인수 합병M&A을 제외하고는, 동종업계의 다른 기업보다 각 활동을 더 빈번하게 실행한다고 답했다.[14]

이처럼 발 빠르게 전략을 전환하고 반복하는 과정은 주로 두 가지 층위에서 두 가지 속도로 일어난다. 최고경영진이나 프로그램 층위에서 보면, 이는 역동적으로 포트폴리오를 재배분하는 과정과 아주 비슷하다. 한 다국적 소매업체는 분기마다 전략 운영 계획을 재차 논의한다. 의사결정권을 지닌 고위 임원들이 전략적 이니셔티브의 진행 상황을 검토하고, 회의를 통해 성과를 점검하고 학습한 내용을 평가한 후 중요한 비즈니스 기회가 여전히 존재하는지 다시 살펴본다. 기회가 여전히 존재한다고 판단되면 계획을 추진하기 위해 전략을 수정해야 할지, 또 자원 지원과 추가적인 투자가 필요할지 논의한다. 반면 진행 상황이 명확하지 않으면 계획 중단을 결정할 수도 있다.

각각의 이니셔티브를 진행하는 프로젝트 수준에서, 전략적 검토는 훨씬 자주 일어나며 때로는 매일 일어나기도 한다. 전략은 유기적이며 지속적인 시장 검증을 바탕으로 진화하도록 구축된다. 각 팀은 최소기능제품의 생산 프로세스를 빠르게 반복한다. 한 대형 통신회사의 임원은 회사의 전환 프로그램을 회상하면서 이렇게 말했다. "우리는 문제의 약 40%를 예상했을 뿐이다. 전환을 거치면서 앞날을 모두 계획할 수는 없을 것이다."

통신회사가 미처 예상하지 못했던 문제 중 하나는 당시 해커들이 훔친 신용카드를 사용해 여러 대의 새 휴대전화를 주문할 수 있을 정도로 보안이 취약했다는 점이었다. 담당 팀은 이러한 사기가 발생하게 된 원인을 추적해서 문제를 해결해야 했다. 사기 수법은 주로 공급망에서 비롯된 결함 때문에 발생한 것으로 드러났다. 이 과정에서 회사는 사기 문제를 성공적으로 해결해낸 경험이 있는 고가치 고객**high-value customer**이 다른 일반 고객보다 두 배나 더 많은 금액을 소비한다는 사실을 발견했다. 그 후 담당 팀은 최첨단 사기 해결 프로그램을 개발하기 위해 자원을 재배정했다.

학습은 디지털 기업에서 두루 나타나는 특징이다. 전략도 예외는 아니다.

우리가 생각해야 할 것들

- 가치 있는 영역과 앞으로 가치가 창출될 영역을 파악하기 위해 신중하고 부지런히 문제에 접근하는 방식은 디지털 전환을 가속화하는 가장 빠른 방법이다.
- 가치는 현재 운영 환경을 개선할 수 있는 수많은 기회와 과감하고 새로운 이니셔티브에 있다.
- 기업들은 디지털의 잠재력을 제대로 이해할 전문지식이 부족한 탓에, 현재 운영하는 비즈니스와 프로세스를 최적화하는 데 있어 중요한 가치의 원천을 놓치곤 한다.
- 기업들은 기회를 파악한 후 최고의 성과를 내는 비즈니스를 신속하고 대담하게 전환하고, 필요한 모든 자원을 쏟아부으며 가치를 창출하기 위해 노력한다.
- 건전한 수준의 편집증적 면모를 지닌 리더들은 끊임없이 새로운 기회를 찾아 나서고, 기회를 발견하는 즉시 재빠르게 움직인다.
- 효과적인 전략은 얼마나 자주 재논의하고 빠르게 실행하는지에 달려 있다.

파괴 대상 기업 선별법[15]

다음 질문에 하나라도 '예'라고 답한다면, 당신의 기업은 파괴의 대상이 되기 쉽다.

- 고객이 중개기관을 거치고 중개수수료를 내야 하는가?
- 고객이 거래를 완료하거나 제품을 받기 위해 오랜 시간을 대기해야 하는가?
- 다른 산업보다 이윤이 높은가?
- 제품과 서비스를 나누어 별도로 제공할 만한 여지가 있는가?
- 당신의 기업이 제공하는 사용자 경험이 세계적인 모범 규준에 미치지 못하는가?
- 공급업체의 정보가 고객에게 제대로 투명하게 전달되지 않는가?

2

조직이 실제로
어떻게 운영되고 있는가?

내부 사정에 가려진 시야, 부실한 데이터, 편향 등 다양한 요인으로 인해 실제 회사에서 무슨 일이 일어나고 있으며, 환경을 바꿨을 때 무슨 일이 일어날지 제대로 이해하기가 어려울 수 있다.

자신의 현재 위치조차 알지 못한다면 목적지에 어떻게 도달할 수 있을까? 자기계발 전문가들이나 던질 법한 뻔한 질문으로 들릴 수 있지만, 사실 이는 디지털 전환을 시작하거나 다시 시도하려 할 때 기업들이 맞닥뜨리는 중요한 문제다. 변화는 자기인식에서 출발한다. 현재 자신의 강점과 약점을 이해해야 앞으로 무엇을 개선할 수 있을지 파악할 수 있다.

자기 진단이나 평가를 거치는 과정이 당연하게 여겨지겠지만, 사실 기업의 현재 실적을 제대로 파악하기는 의외로 어렵다. 기업 리더들은 커다란 숨은 장벽을 마주하게 된다. 이를테면 신뢰할 수 있는 데이터에 접근하지 못하거나, 알게 모르게 생긴 편견 때문에 회사의 실제 실적이 감춰지는 상황에 직면하기도 한다. 그들은 충분한 정보 없이 논의와 추정을 이어가지만, 실제로 조직이 어떻게 굴러가고 있고 어떤 방향으로 나아갈 수 있을지를 사실에 근거해 명확하게 인식하지 못한다.

모든 것을
다 잘할 필요는 없다

우리는 자체 성과와 건전성을 이해하기 위해 무엇을 측정해야 할지 고심할 때 기업이 두 가지 극단적인 행동에 이른다는 사실을 발견했다. 첫째, 기업을 총체적으로 파악하기 위해 '모든 것을 측정'해야겠다는 욕구를 자연스레 품는다. 하지만 이는 헛된 노력으로 이어진다. 둘째, 몇몇 지표에 지나치게 중점을 둔다. 예를 들어, 문화와 역량의 중요성을 경시하면서 기술 같은 일련의 지표만을 강조하는 경향이 있다.

기업이 가치를 창출하는 분야에서 어떤 성과를 내고 있는지를 집중적으로 파악하는 것은 매우 유용한 방법이다. 맥킨지의 디지털 지수 **Digital Quotient®** 분석 결과, 디지털 성과에 가장 커다란 영향을 미치는 것으로는 전략, 문화, 조직, 역량 등 네 개 영역에 걸쳐 열여덟 개의 경영 실무가 존재하는 것으로 나타났다. 무엇이 조직의 성장을 가로막고 있는지 파악하고자 한다면 먼저 이 네 개 영역을 시작으로 디지털 역량을 쌓을 방법을 고민해보자. 그리고 조직의 다양한 사업 부문과 여러 팀이 이러한 영역에서 어떻게 의사결정을 하는지 자세히 들여다

디지털 지수DQ를 높여야 할 시간[16]

높은 DQ는 강력한 디지털·재무 성과와 연관이 있다.

1. 전략

대담한 장기 목표 지향
비즈니스 전략과 연결
고객의 니즈에 집중

2. 문화

높은 리스크 허용
빠른 속도와 애질리티
테스트와 학습 방식
국제 협업
외부 지향

3. 조직

새로운 직무와 책임
인재와 리더십에 더욱 집중
세심하게 계획된 거버넌스/핵심
성과 지표
디지털 투자

4. 역량

연결성
콘텐츠 생산
고객경험
데이터 기반 의사결정
자동화
IT 아키텍처

보고, 다음과 같은 질문을 던져보자. 의사결정이 일관성 있게 이뤄지고 있는가? 의사결정이 타당한가? 조직의 커다란 목표와 일치하는가?

의미 있는 데이터를 얻어야 한다

기업은 많은 데이터를 생성한다. 전

세계적으로 생성되는 데이터의 양은 2012년부터 2016년까지 일곱 배나 증가했다.[17] 하지만 평균적으로 미국 소매업체들은 데이터에서 30~40%의 가치만을 확보하는 데 그치고 있다. 제조업체의 가치 확보 비율은 20~30%에 불과하다.[18] 이는 기업들이 현재 비즈니스의 상태와 성과를 명확하게 파악하는 데 자사의 데이터를 제대로 활용하지 못하고 있음을 여실히 드러낸다.

데이터 분석과 데이터 네트워킹의 발전은 이러한 가치 확보 문제를 해결하는 데 도움이 된다. 실제로 기술이 발전하면서 몇 년 전보다 더 빠르고 세밀하게 데이터를 측정할 수 있게 됐다. 새로운 기능을 추가하지 않더라도 대부분의 기업은 주문처리 비용과 같은 중요한 지표를 시간 단위로 파악할 수 있어야 한다. 고용 시장과 교육 과정에서 기업의 입장이 어떠한지 매 순간 알고 있어야 한다. 마케팅 믹스**marketing mix**와 채널, 투자 수익에 있어서도 마찬가지다. 데이터에서 의미를 끌어내기 위해서는 기술적으로 상당한 힘을 들여야 한다. 전반적으로 서비스 수준 협약**service level agreement**과 같은 공통된 표준을 마련하고, 데이터 환경의 단순화 같은 원칙을 설계할 필요가 있다. 데이터 자체를 관리하고 구조화할 거버넌스 모델과 데이터 출처를 통합하는 시스템도 필요하다.

데이터 관리는 매우 광범위한 작업이므로, 데이터 출력의 형태를 명확하게 정해놓는 것이 중요하다. 그러지 않으면 실제 의사결정에 아무 도움이 되지 않는 의미 없는 데이터를 관리하는 데 수년을 매달

리게 될 것이다. 먼저 '골든 소스golden source' 데이터 저장소(가장 유용한 통찰을 제공하는 데이터)를 지정하고 개선해야 한다. 이러한 데이터는 계속 업데이트되는 대시보드dashboard에 입력되고, 모든 임원은 매일이나 매주가 아니라 매시간 단위로 업데이트되는 이 대시보드에 접근할 수 있다. 미리 설정한 허용 오차나 예외 값을 초과하는 데이터 수치가 나오면 자동으로 알림이 전송되도록 대시보드를 설정해놓아야 한다. 이를 바탕으로 데이터를 더 나은 의사결정으로 신속하게 전환할 수 있어야 하며, 기업 경영에 대한 최신 정보와 이해를 제공하는 것을 데이터 관리의 목표로 삼아야 한다.

데이터에 동의하는 일은 데이터를 수집하는 일만큼이나 중요하다. 임원들이 서로 다른 데이터에 의존하면서 각자의 분석에 동의하지 않는 상황이 종종 벌어진다. 단일 진실 공급원single source of truth(모든 데이터 요소를 한곳에서 제어하여 정보 접근성과 정확도를 높이는 데이터 관리 방식 - 옮긴이)과 규칙을 마련하여 공통된 측정 기준을 사용하지 않는 한, 편향은 만연할 수밖에 없다.

편향을
극복하라

기업들은 최고 수준의 데이터와 통찰력이 부족한 탓에 원하는 만큼 자기진단을 충분히 해내지 못한다.

여기에는 감지하기 힘든 또 다른 장애물도 있다.

기업들은 일종의 문화적 맹목cultural blindness으로 인해 데이터의 의미를 제대로 이해하지 못한다. 이는 다양한 형태로 나타나는 편향에서 비롯되곤 한다. 노벨경제학상을 수상한 행동경제학자 대니얼 카너먼Daniel Kahneman은 부적절한 의사결정으로 이어지는 일련의 무의식적인 편향을 밝혀냈는데, 과거부터 전해져온 구조적 이점, 심지어는 운, 그리고 기술을 자신의 능력으로 여겨 스스로를 과대평가하는 경향이 그 대표적인 예다.

특히 기업들은 무의식적으로나 다소 의식적으로 좋은 소식에 치우치기 쉽고, 이러한 좋은 소식을 전달하는 사람들에게 보상하려는 경향이 있다. 관리자들은 연례 인사고과에서 낮은 평가를 받거나 향후 예산이 감축될까 두려워서 긍정적인 데이터 조각을 찾으려 할 수 있다. 전반적으로 경영 상황이 썩 좋지 않아도 긍정적으로 보고할 가능성이 큰 것이다. 이러한 문화가 있는 조직에서는 모든 것이 잘 돌아가고 있다는 통설과 어긋나는 데이터 수치를 조사해봤자 아무 보상도 받지 못한다. 사실 데이터를 적절히 편집해서 활용하면 거의 모든 사업이 성공한 것처럼 보이게 만들 수 있다.

기존의 관점을 뒷받침하는 데이터를 찾아내 과대평가하는 편향된 태도는 앞서 설명한 현상과 밀접한 관련이 있다. 심리학자들은 이러한 경향이 이미 도출한 결론을 무의식적으로 강화하고 의사결정을 왜곡할 가능성에 오랫동안 주목해왔다.

한 영국 제조업체의 CEO는 몇몇 리더들이 전달하는 정보의 신뢰성에 의문을 제기하기 시작했고, 이러한 편향으로 불거지는 여러 가지 문제를 깨달았다. 그는 암묵적인 편향을 극복하기 위해 인공지능팀을 활용해 프로젝트 생명주기 관리, 세밀한 설계와 제조 문서, 재무·인사 데이터 등 다양한 종류의 데이터 출처에 기반한 알고리즘을 생성하고 훈련시켰다.

인공지능팀은 회의 후에 발송된 이메일이나 다른 부서로 발송된 이메일의 수, 사내 메신저 사용 여부와 주고받은 대화량 등을 주로 조사했고 문제점을 발견했다. IT 부서와 디자인 부서 사이에는 협업이 거의 이뤄지지 않고 있었다. 인공지능팀은 협업이 원활하지 않으면 제품과 서비스의 시장 출시 시점이 늦춰지고 비용이 증가한다는 명백한 증거도 제시할 수 있었다.[19]

자신만의 독특한 방식으로 조직 내부에서 어떤 일이 일어나고 있는지 직접 알아내는 CEO도 있다. 펩시코PepsiCo에서 CEO를 지낸 인드라 누이Indra Nooyi는 매주 식료품점을 방문해 회사 제품이 진열대에 놓인 모습을 확인했다. 그녀는 뭔가 마음에 들지 않으면 휴대전화를 꺼내 사진을 찍은 후 담당 디자인팀과 마케팅팀에 사진과 함께 짧은 글을 적어 보내곤 했다.

덴마크 통신회사 TDC의 집행 위원이자 누데이Nuuday의 CEO인 야프 포스트마Jaap Postma는 디지털 서비스의 애자일 전환을 성공적으로 이끌었는데, 그는 새로운 이니셔티브를 담당하는 디지털 스쿼드squad(조직 내 소규모 인원으로 구성된 최소 단위의 업무조직 - 옮긴이)를 정기적으로 만났다. 이때 고객에게 빠르게 배포할 목적으로 설계된 시각적인 작업 도구들을 주로 사용한 덕분에 그는 팀과 훨씬 수월하게 소통하고 피드백을 제공할 수 있었다.

현실을 직시하라

"우리는 회사가 시장에서 어느 정도의 위치에 서 있는지 현실적으로 가늠해보기 위해 '자비도 악의도 없다no mercy, no malice'는 정신으로 임했다. 쉽게 풀어 설명하자면, '잘난 체할 시간 없으니 그냥 솔직하게 말하자!'라는 기세로 일했다. 이러한 변화는 5년 전쯤에 시작됐다. 당시 전자상거래는 전체 사업의 2%에 불과했지만, 디지털이 미치는 영향은 전체 매출의 50%를 웃돌았다. 나는 다른 주요 리더와 전문가들과 함께 사내 인터넷 사업의 성장 전략을 이끌었고 디지털 IQ를 향상하는 업무를 맡았다. 당시 우리는 디지털 전환이 일종의 '팀 스포츠'라는 사실을 인식하고 있었다. 얼마 지나지 않아, 외부의 시선으로 자사와 업계 내 가장 강력한 경쟁업체의 성과를 비교하고 측정함으로써 유용한 정보를 얻을 수 있다는 점이 명백해졌다. 그 후 우리는 뉴욕대학교 스턴경영대학원에서 한 교수를 만났고, 그의 연구팀은 가치 창출과 연관된 브랜드의 디지털 IQ를 계산해 이를 알고리즘으로 개발해냈다.

F. D. 와일더
Wilder

P&G 글로벌시장 전략·혁신 부문 전 수석 부사장

우리는 대학 연구팀과 제휴하여 자사 브랜드의 디지털 IQ를 계산하고 회사의 디지털 역량을 구축했다. 이 디지털 IQ 프로그램이 성과를 내기 시작하자 당시 CEO였던 A. G. 래플리A. G. Lafley는 우리에게 최고경영진 연례회의에서 현재 진행하는 프로그램을 소개하고 알게 된 내용을 발표하라고 지시했다. 먼저 우리는 경영진을 대상으로 기초적인 이해도를 평가하기 위해 디지털 IQ 테스트를 실시했는데, 무려 경영진의 50% 이상이 테스트를 통과하지 못했다. 이를 계기로 변화의 가능성을 조명하고 기업 리더들에게 충격을 선사하여 의미 있는 디지털 전환에 전념해야 할 필요성을 알릴 수 있었다."

- 현재 자신의 강점과 약점조차 제대로 파악하지 못하는 기업이 많다. 이런 상태에서는 제대로 된 전환 전략을 수립하기 어렵다.
- 데이터를 효과적으로 관리해 현재 가지고 있는 데이터에서 더 많은 가치를 얻어내면 기업의 위치를 파악하는 데 도움이 된다.
- 데이터 출처를 '단일 진실 공급원'으로 통합해 관리하면 의사결정 속도를 높이고 개선할 수 있다.
- 데이터가 아무리 훌륭해도 내부 편향이 만연하면 운영 성과를 정확하게 파악하기가 어렵다.
- 기업에 어떤 일이 일어나고 있는지 파악하려면 직접 나서야 한다.

3 //
현실에서 통할 만한
전략을 세웠는가?

_____ 훌륭한 전략과 유망한 실험이 종종 실패하는
이유는 실행 방법이 명확하지 않거나, 초기의 영향을 지속적으로 확대할 구체적인 계획이
없기 때문이다.

학습하고 적응하고 큰 수익을 벌어들이는 디지털 사업을 구축하기 위
한 전략은 구상 단계에서는 그럴듯해 보일 수 있다. 하지만 그러한 전
략을 실제 가치로 구현해내는 작업은 이와 완전히 별개의 문제다.

이번 장에서 실제 가치 구현에 필요한 수많은 업무를 모두 다루지
는 않는다. 대신 전환을 일관되게 방해하기 쉬운 두 가지 문제점을 자
세히 들여다볼 것이다.

"누구나 그럴싸한 계획을 갖고 있다. 한 방 얻어맞기 전까지는!"[20]

_마이크 타이슨**Mike Tyson**

'라스트 마일'의
복잡성을 이해하라

현대 비즈니스는 복잡하고 여러 조직이 상호 긴밀하게 연결돼 있다. 새로운 디지털 이니셔티브가 엄청난 가치를 가져다줄 정도로 유망할 수 있지만, 그것을 실현하는 데 필요한 모든 인재와 시스템을 고려하지 않는다면 별다른 성과를 얻을 수 없을 것이다. 이는 잘 알려져 있지만 종종 제대로 이해되지 않는 '라스트 마일last-mile 문제'로, 라스트 마일 문제란 조직의 최전선에서 나타나는 복잡한 상호 의존성이 비효율적인 의사결정으로 이어지고 변화를 지연시키는 현상을 일컫는다.

예를 들어, 새로운 은행 서비스를 구매하는 고객의 경험을 개선하려면 단일 제품을 설계할 때 연구개발, 조달, 운영, 마케팅, 영업, 고객서비스, 그리고 기타 여러 분야의 인력이 신제품을 지원할 수 있도록 교육해야 한다.

기존 기업들은 디지털 전환에 필요한 노력을 과소평가하는 경향이 있다. 그들이 자본을 허비하지 않고 기술을 적극적으로 수용한다면 기업에 커다란 영향을 끼칠 수 있을 것이다. 맥킨지가 진행한 인공지능 기술 수용에 관한 설문조사에 따르면, 인공지능을 공식적인 의사결정과 실행 프로세스에 포함시킨 일선 직원은 6%에 불과했고, 인공지능으로 생성된 통찰을 신뢰하는 직원은 16%에 불과했다.[21]

한 세계적인 광산기업은 생산성을 개선하기 위해 라스트 마일 문제에 도전했고 실제로 다음과 같은 조치를 취했다. 우선 데이터 분석을 수행했고, 비용과 비가동시간downtime을 줄이기 위해 예지정비predictive maintenance 솔루션을 도입했다. 미리 설정한 기간이 아닌, 필요에 따라 유지보수 일정을 탄력적으로 운영하는 데서 나오는 유용성을 확보하려면 유지보수 관련 전문가들의 업무 일정도 탄력적으로 변경해야 했다. 기업의 신뢰성 전문가들은 예측된 유지보수 업무를 선별하는 방법을 습득했고, 기획팀은 비가동시간이 과도하게 늘어지는 것을 방지하기 위해 새로운 일정관리 절차를 만들었으며, 재고관리팀은 장비를 반입할 때 적절한 부품을 갖추고 있는지 확인하고 재고를 채워 넣을 새로운 방법을 고안했다.[22]

승자 기업들은 라스트 마일 문제를 해결하기 위해 분석 활동에 기업의 에너지와 자원을 파격적으로 쏟아붓는다. 좋은 성과를 낸 기업들의 90%가량이 이러한 노력에 분석 예산의 절반 이상을 할애한 반면, 그 외 기업은 고작 23%만이 분석에 많은 자금을 투입했다.[23] 실무에서의 이와 같은 노력은 데이터 분석을 개인이나 팀에 맞게 적절히 조정하고 사용자 친화적으로 만들어 더 나은 의사결정을 내릴 수 있도록 한다는 의미다. 이때 최종 사용자에게 익숙한 기존 프로세스와 도구에 분석 기능을 심어 넣어야 한다. 한 대형 소매업체에서는 매장 관리자에게 매일 고객의 인구통계학적 데이터를 전달하고 이러한 데이터에서 얻은 통찰을 토대로 자율적으로 행동할 수 있는 권한을 부여한 결과, 매출이 큰 폭으로 늘어났다.

라스트 마일 문제를 해결하기 위해 분석 예산의 절반 이상을 투입하는
승자 기업 비율

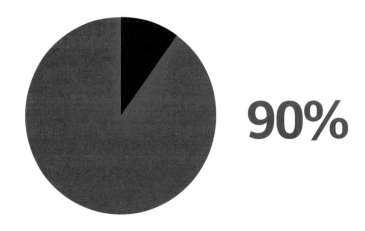

90%

이처럼 최고의 기업들은 라스트 마일 문제의 극복을 돕기 위해 출시 제품과 서비스에 맞는 교육과 채용 시스템을 명시적으로 구축한다.

구체화하라

영화 〈후보자**The Candidate**〉 말미에는 미국 상원의원 선거에서 방금 승리한 정치인(로버트 레드포드**Robert Redford** 역)이 축하 행사를 즐기다가 선거 캠프 매니저에게 "이제 뭘 해야 하

지?"라고 묻는 장면이 나온다. 이는 원대한 디지털 계획과 열망을 행동으로 옮겨야 하는 문제에 직면한 기업 리더들에게도 그리 낯설지 않은 질문일 것이다.

맥킨지 분석 결과, 전략을 실현할 가장 중요한 방법은 첫걸음을 내디딜 수 있도록 행동을 북돋워주는 것이다. 리더들은 디지털 전환을 시작하는 데 필요한 행동이 무엇인지 파악해야 한다.

예를 들어, 몇 가지 핵심 이니셔티브 프로젝트에 최고의 인재를 투입하고 싶다면 우선 채용과 인력 배치에 전념해야 한다. 그리고 처음 3개월에서 6개월 동안 무엇을 달성하고 검증할 수 있을지를 명확하게 단기목표로 설정해 팀에 제시해야 한다. 이 단계에서는 전달된 결과를 추적하기보다는 팀이 취한 조치를 추적하는 편이 훨씬 의미 있다는 점을 명심해야 한다. 결과 추적에 지나치게 치중하면 오히려 디지털 전환을 방해하는 결과를 초래한다.

인공지능과 분석 프로그램을 활용해보자. 가장 좋은 방법은 실현 가능하고 가치를 창출하는 구체적인 활용 사례를 3~5개 정도 파악하는 것이다. 기업은 각각의 사례를 완수하면서 자신감을 얻고 기술을 차곡차곡 쌓으며 한 단계 진보한다. 사물인터넷IoT에서 가치를 확보할 때도 이러한 교훈은 분명하게 나타난다.

우리는 비즈니스 전략과 연계되고 명확한 비즈니스 사례에 기반을 둔 여러 활용 사례를 시도하고 규칙에 따라 실행할 때 사물인터넷의 가장 큰 핵심 가치를 얻을수 있다는 사실을 알아냈다. 실제로 더

많은 활용 사례를 구현하면 더 나은 재무적 성과를 얻는 연관성이 발견됐다.[24]

앞으로 나아갈 길을 보여주는 유용한 로드맵을 만드는 작업은 전략을 행동으로 옮기는 데 중요한 역할을 한다. 로드맵이 옛 경영 방법론의 잔재로 보일지도 모른다. 하지만 기업의 전환은 매우 복잡하고, 조직이 학습하는 동시에 변화에 유연하게 적응해야 한다는 점에서 필수적이다. 이는 폭포수waterfall 방식(조직 상부에서 세운 계획에 따라 하부에서 순차적으로 한 단계씩 진행하는 소프트웨어 개발 방식 - 옮긴이)으로 계획되지 않는다. 멀리 내다보고, 의존성과 제약, 문제 등을 발견하고, 어떤 이니셔티브에 초점을 맞출지 고민할 때 로드맵은 길을 제시하는 중요한 규칙이 되어준다. 기업들이 이러한 방식으로 로드맵을 개발하면 힘들고 혼란스러운 문제를 관리하고 감당할 수 있게 되고, 이는 파일럿 연옥을 극복하는 데도 도움이 된다.

예를 들어, 한 전자업체는 제조시설을 전환하기 위해 충분한 시간을 두고 원하는 애플리케이션을 100여 개 이상 규정했다. 각 애플리케이션에 필요한 기반 기술의 완성도와 각 이니셔티브의 잠재 투자수익률을 바탕으로 종류를 100개에서 30개로 좁혔고, 더 나아가 각각 열 개씩 총 세 개의 흐름으로 애플리케이션을 세분화해 2년에 걸쳐 구현하기로 했다.[25] 이렇게 구분함으로써 인력과 자원을 배분하고 관리하기도 수월해졌다.

대기업 마지드 알 푸타임Majid Al Futtaim의 CEO 알랭 벳자니Alain

Bejjani는 유연성과 책임을 체계화해서 그가 그리는 기업의 비전에 따라 조직의 전략을 구현하도록 만들었다.

그는 매월 각 사업 부문의 리더들을 만나 성과를 추적하고 전략을 개발할 뿐만 아니라, 회사의 비전을 구현하기 위해 구체적으로 어떤 이니셔티브를 제공하는지도 파악한다.

사업 부문별 리더들도 선임 관리자들과 함께 같은 방식으로 문제에 접근한다. 선임 관리자들은 회사의 비전을 추진할 방법을 놓고 각각의 관리자들과 함께 다시 문제를 제기하고 전략을 수립한다. 이러한 계단식 접근 방식은 가장 효과적으로 비전을 실현할 만한 프로그램을 구현하는 데 꼭 필요한 유연성을 팀에 제공하는 동시에 프로세스에 책임 체계를 부여한다.

벳자니는 또한 조직의 최전선에서 비전이 얼마나 잘 구현되고 있는지 파악하기 위해 한 달에 두 번씩 모든 직급의 직원들과 점심을 먹는 행사를 개최한다. 그는 최고의 인재들과 함께하는 점심 식사**#Talent-LunchSeries**를 통해 직원들이 회사의 비전을 얼마나 잘 이해하고 있는지 확인하고, 고객을 최우선으로 삼는 디지털 전환을 더욱 효과적으로 달성할 아이디어를 생각해낸다.

벳자니는 인스타그램 피드에 다음과 같이 썼다. "리더십을 효과적으로 발휘하려면 반드시 조직 곳곳의 다양한 목소리 듣는 시간을 마련해야 한다."

로드맵 작성은 프로그램 수준의 활동으로, 기업의 비전과 전환의 장기 목표에 따라 결정된다. 그렇기에 프로그램 수준의 로드맵은 고정 불변하지는 않지만, 상당히 안정적으로 운영된다.

- 조직이 전략을 가치로 전환하기 위해서는 현장에서 어떻게 변화가 일 어나는지 충분히 생각해봐야 한다.
- 로드맵 작성은 '폭포수' 방식으로 진행되지 않는다. 대신 이니셔티브 의 우선순위를 정하고 고객의 니즈와 장애물을 예상해 전환을 안정적 으로 이룰 수 있도록 지원한다.
- 임직원이 취해야 하는 첫 번째 단계에 중점을 두면, 신속하게 전환에 뛰어들고 초기 활동을 이어가는 데 도움이 된다.
- 훌륭한 로드맵의 핵심 요소는 실현 가능하고, 가치를 창출하며, 첫해 에 달성할 수 있는 활용 사례를 3~5개 정도 선정하는 것이다.
- 일단 나아갈 경로를 정했다면, 일선에 있는 직원들을 비롯해 조직 내 모든 임직원이 모든 단계와 각자의 역할을 이해할 수 있도록 지원해 야 한다.
- 프로그램 수준의 로드맵은 회사의 전략, 비전과 일치해야 하며 크게 달라져서는 안 된다.

4 《《《《《《《《《《《《《《《《《《《《《《《《《《《《《《《《《《《《《《

기업에 가장 적합한
전환 모델은 무엇인가?

_____ 디지털 이니셔티브를 실행, 확대, 유지하는
방법에는 여러 가지가 있다. 최고의 기업은 의도적으로 여러 방법을 적절히 혼합해서 사
용한다.

기업은 전환에 뛰어들기 전에 다음과 같은 몇 가지 중대한 결정을 내
려야 한다. 구매할 것인가, 아니면 구축할 것인가? 작게 시작할 것인
가, 아니면 크게 시작할 것인가? 기존 비즈니스를 재정비할 것인가, 아
니면 새로운 비즈니스에 기업의 미래를 걸 것인가? 기본적으로 이는
기업의 상황에 맞는 전환 모델을 선택하는 일이다. 올바른 결정을 내
리려면 어디서부터 전환을 시작할 것인지, 그리고 기업의 브랜드, 인
재, 시장 지배력에 대한 비전과 목표는 무엇인지 깊이 고민해볼 필요
가 있다.

특히 파괴와 관련하여 기업이 산업에서 차지하고 있는 입지를 신
중하게 평가해야 한다(자세한 내용은 '2장. 조직이 실제로 어떻게 운영되고 있는

가?' 참조). 일부 산업에서는 파괴가 실질적인 위협으로 존재하며, 근본적인 대응 조치가 요구된다. 반면 가시적인 위협이 그리 크지 않다면, 기업은 더 유연하게 대응 방법을 선택할 만한 여지가 있다. 또 다른 사례로, 이윤이 적고 진입장벽이 높은 산업이라면 집중적인 개선이 최선의 선택이 될 수 있다.

예상하다시피 변화 추진에 하나의 모델만 있는 것은 아니다. 실제로 가장 성공한 기업은 여러 모델을 적절하게 혼합해 쓴다. 우리가 연구한 바로는 핵심 비즈니스 모델을 재창조하고 새로운 시장에서 디지털을 경쟁의 근간으로 삼아 대대적인 디지털 혁신을 꾀하는 기존 기업이 그러지 않은 기업보다 훨씬 뛰어난 성과를 거둔다.[26] 비즈니스 상황에 맞는 적절한 혼합모델을 결정할 때에는 한 가지 핵심 모델을 주축으로 삼되, 조직과 시장이 변하면 그 구성 또한 바뀔 수 있다는 사실을 명심해야 한다. 고려해야 할 주요 모델에는 총 네 개가 있다.

1.
핵심 전환

　　　　　　　　　　이는 전환의 필수 조건으로, 여기에는 기업의 핵심역량과 기술, 조직 및 프로세스의 근본적인 재구축이 포함된다. 그런 만큼 기업의 여러 부문에 걸쳐 변화가 동시다발적으로 일어난다.

이러한 변화를 주도할 한 가지 방법은 모든 고객 여정customer jour-ney을 계획하고 한 번에 하나의 여정을 전환하는 것이다(이후 동시에 더 많은 여정을 처리할 수 있도록 발전시킨다). 고객 여정은 고객이 특정 목표를 달성하기 위해 수행하는 일련의 활동을 말한다. 각 여정은 운영, 마케팅, 서비스 지원, 영업, IT 등 비즈니스의 많은 부분과 맞닿아 있어서, 이러한 접근 방식은 고객을 지원하는 핵심 시스템을 변경하는 구성 원리로 작용한다.

덴마크 통신 회사 TDC는 이러한 핵심 전환 접근 방식을 취했다. 제품 소유자, 커머셜 전문가, 현장 일선 전문가, 고객경험 디자이너, 설계자, 개발자로 구성된 애자일 팀, 구체적으로는 교차기능 '스쿼드' 열두 개를 출범시킨 것이다. 각 스쿼드는 빠른 테스트와 학습 프로그램에 착수하면서 특정 고객 여정을 담당했다. TDC는 이전에는 4분의 3을 외부 공급업체에 맡겼던 B2Cbusiness-to-consumer 업무의 IT 부문을 모두 사내로 이전했다. 또한 기발한 방법을 고안해 인재를 발굴하고 고용함으로써 IT 인력의 4분의 3이 사내로 유입되는 대전환을 이뤘다. 이러한 변화는 회사 전반에 빠르게 영향을 미쳤다. TDC 고객의 80%가 첫 서비스 경험 평가에서 만점을 줬고, TDC에서 지출 비중이 가장 컸던 통화량은 40% 이상 감소했다.

이처럼 접근 방식을 변형해 훨씬 급진적인 형태로 전환을 추진하는 기업이 점차 늘어나고 있다. 점진적으로 변화를 가하기보다는 한

꺼번에 급진적인 변화를 일으키는 것이다. 핵심 전환에 이러한 접근 방식을 도입하면 노력이 많이 드는 게 사실이지만, 1년 이내에 결과가 나타날 수 있다. 반면 단계적이고 점진적인 접근 방식으로는 5년이 걸릴 수도 있다. 네덜란드 금융회사 ING는 급진적인 변화를 불러오는 '빅뱅**big bang**' 접근 방식으로 고객의 요구에 민첩하게 반응하고 현장에서 문제를 발 빠르게 개선할 수 있도록 조직의 대응 능력을 향상시켰다. ING는 가능성을 입증하기 위해 본사 조직 운영에 집중했는데, 새로운 방식을 도입한 지 9개월 만에 ING 본사 직원 3,500명이 모두 애자일 트라이브**tribe**와 스쿼드에 속해 일하게 됐고(업무 관련성이 높은 스쿼드들이 모여 트라이브를 이룬다 – 옮긴이) 그중 상당수는 새로운 직무를 맡았다.

이 모델은 언제 고려하는 것이 좋을까?

- 변화를 주도하기 위해 기꺼이 자신의 모든 시간을 쏟아붓는 강력한 최상위 리더가 있다.
- 대대적인 전환의 필요성에 최고경영진이 명시적으로 의견을 같이하고 있다.
- 디지털 역량을 개발하려면 추가적인 훈련이 필요하긴 하지만, 이미 기업에 탄탄한 버팀목이 돼줄 능력 있는 직원들이 있다.
- 기존 브랜드가 강력하고, 인재 고용에 브랜드가 유리하게 작용한다.
- 핵심 사업이 실질적인 위협을 받고 있고, 파괴 기업들에 수익을 빼앗길

상황에 처해 있다.

- 리더들에게 수년에 걸쳐 대규모 예산을 적극적으로 투입하고자 하는 의향이 있다.
- 혁신에 개방적인 문화가 정착돼 있다.

위험

- 전면적인 핵심 전환은 완료하기 어려운 편이라 리더들의 지원이 점점 사리질 수 있다.
- 더딘 백엔드**back-end** 프로세스와 그에 대응되는 프런트엔드**front-end** 프로세스를 IT 아키텍처 차원에서 분리할 수 없다면 좋은 애플리케이션을 신속하게 만들어내기 어렵다.
- 정신없고 혼란스러울 정도로 발 빠르게 움직여야 하므로 기업의 기존 방식을 뒤집는 시도가 두려움을 불러올 수 있다.

2.
신사업 착수 · 인수

이 모델에서 기업은 새로운 사업체를 세우거나 인수한다. 물론 새로운 사업에 착수하는 방법과 인수하는 방법에는 큰 차이가 있지만, 인재를 유치하고 보유하며 자체적으로 문화와 정체성을 확립하는 유연성을 제공하는 측면에서 두 방법은 저마다 장점이 있다. 자체적으로 사업을 시작하면 디지털 네이티브digital native(설립 초기부터 모든 서비스를 디지털 기반으로 만든 기업 – 옮긴이)처럼 완전히 새로운 프로세스와 작동방식을 개발할 수 있다. 새로운 디지털 사업을 아예 기초부터 구축하는 방법이 레거시 프로세스legacy process(기존의 낡은 프로세스 – 옮긴이)를 업그레이드하는 방법보다 소요되는 기간이 짧으므로(6~12개월) 훨씬 수월할 수 있다.

파괴의 위협이 눈앞에 닥쳤다면 재빠르게 디지털 회사를 인수하는 방법도 고려해볼 만하다. 독일 미디어 그룹 악셀 스프링어Axel Springer의 사례가 대표적이다. 2011년부터 악셀 스프링어는 디지털 기업 열여섯 개를 인수해 유럽 최대 규모의 디지털 출판 미디어그룹으로 거듭날 수 있었다.[27] 최근 맥킨지 분석에 따르면, 연 매출에서 지출이 차지하는 비율을 기준으로 따졌을 때 승자 기업들은 경쟁업체보다 인수합병에 두 배 이상을 투자한다.

기업에 인재와 역량은 물론이고, 현금흐름까지 제공할 수 있는 외부 스타트업과 디지털 사업에 투자하는 것은 이 비즈니스 모델의 변형으로 볼 수 있다. 악셀 스프링어도 2013년부터 이러한 방식으로 90여 차례에 걸쳐 스타트업에 활발하게 투자해왔다.[28]

브라질의 대표 금융기업인 카이샤 세구라도라Caixa Seguradora는 완전히 독립적인 소비자 직접서비스DTC, direct-to-consumer 형태의 디지털 보험회사, 요지Youse를 설립하는 새로운 길을 택했다. 당시 선두기업의 시장점유율은 30%에 달했고, 그 외 다른 DTC 보험사는 없었다. 요지는 최소기능 보험상품을 연달아 출시하면서 계속해서 학습하고 서비스를 개선했다. 3년 동안 폭발적으로 성장한 요지는 마침내 흑자를 달성했다.

이 모델은 언제 고려하는 것이 좋을까?

- 기존 내부 직원들에게는 새로운 제품과 서비스를 빠르게 만들어낼 경험이 부족하다.
- 기존 브랜드가 스타급 디지털 인재를 고용하는 데 불리하게 작용한다.
- 기존 기업 문화로는 디지털 사업을 육성하지 못한다.
- 리더들이 완전한 디지털 전환을 위해 노력을 쏟아부을 준비가 돼 있지 않다.
- 기존 기업이 신사업에 사용할 수 있는 귀중한 자산(예: 자체 데이터, 고객 기반, 시장 지배력)을 보유하고 있다.
- 경쟁이 치열해지는 상황에서 변화를 지속하고 확장하기 위해 속도에 집중할 필요가 있다.
- 새로운 사업이 기존 사업을 잠식할 가능성이 있다는 것을 리더들이 인지하고 있다.
- 기업의 리더나 경영진이 다른 기업을 성공적으로 인수하고 통합한 경험이 있다.

위험

- 경영진이 기존 사업에 치중하느라 새로운 사업을 충분히 지원하지 않는다.
- 직원 간 커리어 패스와 보상의 불균형이 심해지면 디지털 지식과 기술을 '가진 자'와 '못 가진 자'의 격차가 벌어지는 디지털 양극화 문화가 심화될 수 있다.

3.
에지 전환

기본적으로 조직의 핵심역량과 기존 자원을 그대로 활용하면서도 기업으로부터 보호받는 새로운 디지털 역량을 기르는 데 목적이 있다. 제약회사라면 연구개발역량을, 자동차 회사라면 공장 네트워크를 개발할 수 있다. 여러 코더coder와 기술 전문가가 디지털 팩토리digital factory나 최고 기관center of excellence에 모여 애플리케이션을 개발하고 시제품을 만들고 출시를 맡아 진행하면서 이러한 '에지edge' 접근 방식이 현실로 구현된다. 이렇게 탄생한 애플리케이션은 다시 주력 기업으로 전달돼 확장된다. 디지털 팩토리는 새로운 작업 방식을 증명하며 나머지 사업을 위한 하나의 모델로 제시된다. 훌륭한 디지털 팩토리는 새로운 제품이나 고객경험을 짧게는 10주

만에 생산해내고, 8~12개월 만에 사업 전반으로 확대될 수 있다.[29]

유럽의 한 은행은 본사 건물의 여러 층을 디지털 팩토리 전용공간으로 사용했으며, 여기에 수월하게 협업할 수 있는 새로운 팀 작업공간이 제공됐고 최고의 인재를 채용할 획기적인 방법(기술 행사 개최, 채용성과 추적 등)을 구상하기 위한 HR '작전실war room'도 마련됐다.

이 디지털 팩토리는 층마다 독립된 디지털 프로젝트에 주력하며 고객 식별과 확인, 전자서명 등 재사용이 가능한 기술을 만들었다. 팩토리에서 개발된 새로운 제품과 솔루션이 채택될 수 있도록 비즈니스 리더들과 IT 부서가 초기 단계부터 함께했으며, IT 부서는 디지털 팩토리의 흐름을 잘 이해하고 있었기에 이 새로운 여정과 프로세스를 지원할 시스템을 구축하고 구성할 수 있었다. 조직 내에 기술 수용을 촉진하는 데는 직무 현장교육과 인센티브의 적절한 배합이 무엇보다 중요했다.

이 모델은 언제 고려하는 것이 좋을까?

- 비즈니스 부문 수준(또는 그 이상)에서 강력한 내부 옹호자가 있다.
- 디지털 전환을 향한 전방위적인 노력이 행해지고 있지만, 기업의 핵심을 전환하는 수준에는 아직 미치지 못한다.
- 기존 비즈니스 라인을 디지털화하면 잠재적으로 상당한 가치를 얻을 것으로 기대된다.
- 기존 브랜드가 상당한 가치를 보유하고 있고 계속 성장하고 있다.
- 비즈니스 부문 수준에서 디지털과 데이터 분석을 향한 요구가 뚜렷하

게 존재하지만, 비즈니스 전반적으로는 그렇지 않다.

- 핵심을 전환하는 작업이 너무 복잡해서 대대적으로 실행할 수 없다.
- 기존 인재와 기술로는 핵심을 전환하는 작업을 지원할 수 없다.
- 당장 대규모로 파괴될 위협은 없다.

위험

- 디지털 팩토리가 충분히 보호되지 않고 기존 프로세스와 문화에 서서히 '잠식'된다.
- 디지털 팩토리에서 개발한 신제품이 실제로 사용되도록 하기 위한 수용·통합 프로세스가 마련돼 있지 않다.
- 보상과 커리어 패스의 불균형이 커지면서 디지털 지식과 기술을 '가진 자'와 '못 가진 자'를 나누는 문화가 심화될 수 있다.
- 리더들이 직무 순환 프로그램을 적극적으로 실행하지 않은 탓에 직원들이 디지털 팩토리의 새로운 업무방식을 경험하지 못한다.

4.
전환의 초점 좁히기

전환이 제한되는 상황에서 기업들은 디지털로 가치를 끌어올릴 수 있는 특별한 지렛대를 찾는다. 그것은 마케팅이나 물류 같은 기능, 더 나아가 제품 라인이나 지역이 될 수도 있다. 이러한 비즈니스 모델을 사용하는 기업은 더 큰 조직과 문화를 바꾸지 않고도 이익을 낼 기회를 노린다.

이 모델은 디지털 전환에 대한 저항이 큰 산업에 속한 기업에 어울린다. 개인적인 관계나 장인과의 관계에 기반하거나 자동화 기회가 제한된 복잡한 물류 시스템을 갖춘 산업일 수도 있다. 상대적으로 변화에 더딘 사치품과 식료품 소매산업이 그 좋은 예이다. 이를테면 신선식품은 단기간에 출하, 진열, 판매, 소비돼야 하므로 운송이 쉽지 않다. 그러나 이윤이 적은 소매업종의 특성상 부분적인 전환만으로 이윤을 소폭 늘릴 수만 있다면 수익성에 막대한 영향을 끼칠 수 있다. 바로 이 점에 주목한 일부 기업을 중심으로 업계에 변화가 가속화되고 있다.

마찬가지로, 한 글로벌 화약약품 유통업체는 고객과의 긴밀한 관계를 과신하며 수년 동안 경쟁의 위협에서 안전하다고 여겼다. 하지만 새로운 경쟁업체가 서비스 비용과 가격을 낮추며 고객에게 직접 다가가기 시작하자, 압박을 느낄 수밖에 없었다. 이 유통업체는 영업인력의 생산성을 높여야 함을 깨닫고 다양한 사용자들을 위한 맞춤형 웹 사이트와 앱을 개발했다.

고객들은 개인별 니즈에 맞는 제품 추천목록과 간단한 재주문 기능을 갖춘 고객 맞춤형 웹 사이트와 앱을 접할 수 있게 됐다. 예를 들어, 고객이 식당 주인이라면 기름 제거제 옵션을 볼 수 있다. 영업사원은 실시간으로 고객의 요구를 반영해 수천 개의 제품 중에서 핵심 제품

200개를 엄선할 수 있는 앱을 사용했다. 이러한 접근 방식으로 회사는 곧바로 운영비용을 2% 절감하고, 기존 고객당 총매출을 4%나 늘릴 수 있었다. 덕분에 영업사원들은 새로운 거래를 수주하는 데 더 많은 시간을 할애할 수 있었다.

이 모델은 언제 고려하는 것이 좋을까?

- 산업 특성(예: 개인적인 상호작용의 필요성) 때문에 디지털화가 그리 매력적이지 않다.
- 전반적인 기업 운영과 문화에는 지장을 주지 않고 디지털화할 구체적인 기능을 선별할 수 있다.
- 파괴의 위협이 낮다.
- 복잡한 운송 시스템이나 오프라인 매장에 크게 의존한다.
- 기존 고객들의 만족도가 높다.

위험

- 디지털 세계에서 기업의 인지도가 부족하다면 인재 확보와 유지에 어려움을 겪는다.
- 사내 인재가 부족하다면 외부 파트너를 찾아야 하며, 이러한 외부 파트너를 관리할 전문지식도 필요하다.
- 비디지털 문화가 크게 자리 잡은 환경에서 디지털 기능과 공존하는 법을 익혀야 한다.

- 디지털 전환에 뛰어들기 전에 기업은 어디서부터 시작해야 할지, 기업의 브랜드와 인재, 시장 지배력에 대한 비전과 목표는 무엇인지 깊이 고민해야 한다.
- 성공한 비즈니스 모델은 상황에 맞게 혼합해서 사용해야 하며, 한 가지 핵심 모델을 주축으로 삼되, 시장 환경의 변화에 따라 구성 요소를 바꾸어야 한다.
- 핵심 전환은 디지털 전환의 필수 조건으로 기업의 핵심역량과 기술, 조직 및 프로세스의 근본적인 재구축이 포함된다.
- 신사업 착수·인수는 새로운 사업체를 만들거나 인수하는 것을 말하며, 눈앞에 위기가 닥쳤을 경우 디지털 회사를 인수하는 방법도 고려해볼 만하다. 외부 스타트업과 디지털 사업에 투자하는 것은 이 비즈니스 모델의 변형으로 볼 수 있다.
- 에지 전환은 조직의 핵심역량과 기존 자원을 그대로 활용하면서 새로운 디지털 역량을 기르는 데 목적이 있다.
- 디지털화가 산업에 매력적이지 않을 경우 기업들은 디지털 전환의 특별한 지렛대를 찾게 되는데, 전환의 초점을 좁혀서 부분적으로 전환함으로써 수익성에 막대한 영향을 끼칠 수 있다.

5

훌륭한 기업은
어떤 모습인가?

_____ 백문이 불여일견이다. 최고의 디지털 기업이 어떻게 운영되고 있는지 이해할 때, 그리고 '패스트 기업'이 실제로 얼마나 발 빠르게 움직일 수 있는지를 직접 경험할 때도 마찬가지이다.

기업들은 '발전'과 '디지털화'의 필요성을 이해하고 있지만, 실무에서 그것이 무엇을 의미하는지를 알아내기는 쉽지 않다. 자신들이 무엇을 모르는지조차 알지 못하는 비즈니스 리더들이 많다. 이러한 상황에서 리더들은 목표를 너무 낮게 설정하거나 전환의 잘못된 요소에 초점을 맞추곤 한다. 최고의 기업이 무엇을 어떻게 하고 있는지 이해한다면 리더들이 생각하는 가능성의 영역을 크게 확장할 수 있다.

현장으로 가서 직접
눈으로 확인하라

　　　　　　　　　　　19세기 후반, 일본은 취약한 고립 국가였다. 메이지 천황은 일본이 다른 이웃 국가들처럼 서구 열강의 식민지로 전락하지 않으려면 대대적으로 변화해야 한다는 사실을 깨달았다. 그는 즉위하자마자 가장 먼저 100여 명으로 구성된 사절단을 미국과 유럽에 파견했다. 서양 사회에 대한 이해를 최대한 넓히기 위해서였다. 그로부터 2년이 흘러 새로운 지식을 쌓고 결의로 무장한 일본 사절단은 귀국 후 일본을 폐쇄적인 중세 사회에서 독립적인 근대 강국으로 탈바꿈시키기 위해 근대화 작업에 착수했다.

　일본의 사례는 오늘날 리더들에게 중요한 교훈을 시사한다. 현재 상황을 이해할 수 있는 가장 좋은 방법은 주변을 둘러싸고 있는 장벽에서 벗어나 민첩한 기업들의 행보를 관찰하는 것이다. 지금이 바로 기업의 네트워크를 작동시킬 때이다. 디지털에 가장 능통한 구성원의 도움을 받아 앞서가는 기업들을 파악하고 그 기업들의 내부를 들여다봐야 한다. 전 임원, 전문가, 고문, 전문 업체, 컨설턴트 등 이해를 넓히는 데 도움을 줄 수 있는 사람이라면 누구라도 활용할 수 있다. 때로는 고객에게서도 도움을 얻을 수 있다.

　뉴질랜드 통신업체 스파크Spark의 경영진과 이사회는 전환 계획을 검토한 후 애자일 경영의 실제 모습을 직접 눈으로 목격하고 필요한 전환의 규모를 제대로 파악하기 위해 세 개 대륙에 있는 열두 개 기업

을 방문했다. 한 최고경영자는 애자일 운영 방식에 대해 이미 여러 번 설명을 들었지만, 소매업체를 방문해 실제 팀이 작업하는 모습을 확인한 후에야 비로소 실체를 확실히 이해할 수 있었다고 말했다.

우리가 찾은 가장 효과적인 방법은 '적극적인 관찰'이다. 단순히 직원들이 일하는 방식을 지켜보는 게 아니라, 그들에게 무엇을 왜 하고 있는지 질문을 던지는 것이다. 예를 들어, 직원들에게 애자일 팀에서 어떤 역할을 수행하고, 진행 상황을 어떻게 추적하고, 무엇이 효과적인 업무에 도움이 되는지 물어볼 수 있다. 그 외에도 어떤 고객에 집중하는지, 그 이유는 무엇인지, 현재 팀이 다루고 있는 제품이나 서비스의

실제로 디지털이 제대로 작동하는지 어떻게 알 수 있는가?

다른 회사를 방문할 때 확인해야 할 것들

- 팀 작업공간에 협업을 위한 화이트보드, 팀원들의 현재 업무를 모두 보여주는 공개 대시보드가 마련돼 있다.
- 직원들이 적극적으로 참여하고, 활기차게 대화를 나누며 문제를 해결한다.
- 팀원들은 대화하는 데 거리낌이 없으며, 현재 사용하는 디지털 기술에 대해 쉽게 이야기할 수 있다.
- 사무실 배치는 개방적이며 변경할 수 있다. 사무실에는 편안하게 회의할 여러 공간이 마련돼 있고, 곳곳에 독특한 개성이 넘친다. 간식과 음료도 손쉽게 구할 수 있다.
- 사무실이 팀 친화적으로 배치돼 있다. 함께 쓰는 업무용 책상과 전체 회의를 열 수 있는 넓은 공간이 있다.

목적은 무엇인지, 그리고 지금까지 실험을 통해 무엇을 배웠는지도 빠짐없이 질문해야 한다. 이러한 탐구정신을 바탕으로 실제로 무엇이 작동하고, 무엇이 작동하지 않았는지를 이해할 수 있을 것이다.

속도를
구현하는 법

디지털 전환이 장기적인 인내와 헌신을 요구하는 일이긴 하지만 그렇다고 단기간에 물질적인 이익을 얻을 수 없다는 뜻은 아니다. 오히려 성과를 빠르게 내지 못한다면 뭔가

잘못됐다고 봐야 한다.

　기본적으로 전통적인 방식으로 운영되는 기존의 많은 비즈니스는 전환에 대한 기대치가 낮은 편이다. 한 미국 대형 유통업체의 최고디지털책임자CDO가 새로운 비즈니스를 시작할 의향을 내비치자, 최고정보책임자CDO는 비즈니스를 시작하려면 최소 4년 동안 500명의 인력이 필요하고 1억 달러의 비용이 들 것이라는 예상을 내놨다. 이는 일반적인 IT 작동방식을 토대로 산출한 예상 비용이었다. 그러나 디지털 이해도가 높았던 최고디지털책임자는 그보다 훨씬 민첩하게 움직일 수 있다고 확신했다. 그는 새로운 팀을 고용하고 새로운 장소로 이전해 팀들이 독립적으로 일할 공간을 제공했다. 이렇게 시작한 새로운 비즈니스는 5개월 만에 월 1억 5,000만 달러의 수익을 올렸다. 연수익으로 환산하면 20억 달러에 달하는 규모였다.

디지털의 가능성을 제대로 이해한다면 예상을 훌쩍 뛰어넘는 규모의 성공을 단기간에 거머쥘 수 있다. 실제로 단 며칠이나 몇 시간 만에 엄청난 성공을 거둘 수 있는 경우도 많다. 이러한 성과는 조직의 빠른 대처 능력에 대한 임직원의 기대치를 높이는 강력한 자극제가 될 수 있다. 앞으로 나아가는 전환을 촉구하고 문화적 변화를 강화하며 가능성의 미학을 증명하는 것이다.

예를 들어, 저렴한 도구를 사용해 키워드 목록을 수백 개에서 수천 개로 확대하면 몇 시간 만에 검색엔진 마케팅을 개선할 수 있고, 모든 기기에 맞게 웹 사이트를 최적화하는 동시에 디지털 자산에 대한 로드 시간load time도 줄일 수 있다(회사 웹 사이트나 앱이 1초씩 느려져 허용 가능한 수준에 미치지 못하면 되면 클릭율과 구매 전환율이 최대 40% 감소한다). 이러한 변화는 표면적으로 사소해 보일 수 있어 많은 기업이 그 중요성을 간과하는데, 작은 시도로도 눈에 띄게 상황이 진전될 수 있다.

사소한 변화를 도입해서 실제로 단 하루 만에 엄청난 수익을 올린 대형 소매업체도 있다. 이 기업의 웹 사이트는 처음에 로딩 속도가 16초, 가동 시간uptime이 89%에 불과해 계속해서 충돌이 발생했고, 모바일 기기와도 호환되지 않았다. 웹 사이트가 모바일 반응형 사이트가 아닌 탓에 고객경험이 엉망이었을 뿐 아니라, 검색어를 설정할 때도 다른 기업보다 네 배나 많은 비용을 들여야 했다.

이 소매업체는 문제를 개선하기 위해 간단한 소프트웨어를 활용해 잠재고객을 웹 사이트로 유입시킬 키워드 수를 확대했다. 이 작업은 단 두 시간이면 충분했다.

이와 동시에 아웃사이드인outside-in 사용자경험(고객 입장에서 기업의 모든 서비스와 활동을 바라보는 방식 – 옮긴이)을 검토해 즉시 수정할 수 있는 사소한 문제는 물론이고 향후 구매 전환율을 높이고 고객 이탈률을 줄이기 위해 장기적으로 대대적인 개선이 필요한 영역까지 파악했다. 그 덕분에 단 하루 만에 사이트 트래픽이 5% 증가했고 마케팅 비용은 3% 이상 감소했다. 일주일이 지나자 디지털 마케팅으로 인한 트래픽 은 15% 증가했고, 전환율은 31% 증가했으며, 지출은 16% 감소했다. 일일 웹 사이트 오류는 약 6,100건에서 4,800건 이하로 줄어들었다. 이 모든 변화를 종합해보면 런레이트run-rate 매출(추세를 토대로 추정한 잠정 매출 – 옮긴이)이 30% 이상 증가하는 결과가 나타났다.

그로부터 4개월이 지났지만, 이 기업은 여전히 다음과 같은 성장세 를 이어가고 있다.

- 트래픽 125% 증가
- 마케팅 비용 47% 감소
- 전환율 130% 증가
- 웹 사이트 로드 시간 4.1초로 단축
- 일일 시스템 오류 700건 미만

속도의 구현

기술과 애자일 프랙티스를 활용해 프로세스를 가속화함으로써 기업은 훨씬 재빠르게 움직일 수 있다.

	일반 기업	패스트 기업
제품 출시	**6개월**	**2주**
신규 고용, 애플리케이션 제공	**6개월**	**3주**
마케팅 캠페인	월 **1회**	일 **24회**
코드 생성	6개월마다 **1회**	일 **1회**
소비자 제품 콘셉트 테스트	6개월에 **1회**	14주에 **3회**

짧은 주기를 두고 일어나는 변화는 팀에 활력을 불어넣고, 팀은 밀려드는 짜릿한 만족감과 성취욕에 푹 빠져든다. 이를 통해 다른 부서 직원들도 단기간에 많은 목표를 달성할 수 있다는 사실을 깨닫게 되면서 역시 성취감을 맛보고 싶다는 생각에 경쟁하기 시작한다. 이처럼 재빠르게 결과를 얻으려는 욕구가 직원들 사이에 퍼지면서 조직의 학습 능력이 향상된다. 몇 달 동안 논의만 하고 아무도 시도조차 하지 않던 구상과 계획도 이제 신속하게 실험해볼 수 있다. 그리고 이러한 시도로 새로운 가치를 끌어내면서 조직 전반에 자부심이 쌓여간다.

우리가 생각해야 할 것들

• 최고의 성공을 거둔 디지털 기업들을 방문해 실제로 어떻게 돌아가는 지 알아보자.

• 몇 주 또는 몇 개월을 가만히 앉아 결과만 기다려서는 안 된다. 단 며칠 또는 몇 시간 만에도 상당한 진전을 이룰 수 있다.

• 보잘것없어 보이는 사소한 변화가 막대한 파급력을 미칠 수 있다.

• 단기간에 얻어낸 성공은 문화를 바꾸는 강력한 원동력이 되고, 팀에 활력을 불러일으키며 짜릿한 만족감과 성취감을 선사한다.

PART 2
역량

우리는 어떤 역량을
갖추어야 하는가

6

실패를 대비한 안전장치를 마련해놓았는가?

_____ 배움에는 실패가 따르기 마련이다. 하지만
직원들은 실패해도 괜찮다는 믿음을 갖지 않는 한, 굳이 위험을 감수하려 하지 않을 것이다.

토머스 에디슨**Thomas Edison**은 전구를 만드는 실험을 하며 수도 없이
실패해서 속상하지 않았느냐는 질문에 답하며 다음과 같은 유명한 말
을 남겼다. "나는 실패한 적이 없다. 잘 통하지 않는 1만 가지 방법을
발견했을 뿐이다." 하지만 대부분은 에디슨처럼 실패를 낙관적으로 바
라보지 못한다. 낙관적인 태도는 인간의 본성과도 맞지 않는다.

픽사**Pixar**의 공동 창립자인 에드 캣멀**Ed Catmull**은 실패에 관한 심리
에 대해 이렇게 설명했다.

"실패는 시간의 흐름과 비대칭적인 면모를 보인다. 지난 실패를 돌
이켜보면 '과거의 실패가 자양분이 되어 현재의 나를 만들었다!'라고
말할 테지만, 지금 당장 미래를 바라볼 땐 '앞날을 예측할 수 없어 불

안하고, 실패하고 싶지 않다'라는 생각만 들 것이다. 문제는 실험을 진행하는 시점에는 앞날을 알 수 없다는 점이다. 우리는 실패해도 괜찮은 환경을 조성하기 위해 각별한 노력을 기울여야 한다."[30]

학습은 실험을 통해 이뤄지고, 실험은 종종 실패하기 마련이다. 따라서 실패해도 안전한 환경을 조성하는 일은 매우 중요하다. 최근 맥킨지가 진행한 설문조사에 따르면, 성공한 기업의 직원들은 '적절한 수준의 위험을 감수한 데 대해 보상을 받고 있다'는 문구에 전적으로 동의한 비율이 다른 동종업계 직원들보다 두 배 이상 높았다.[31] 기업의 성공 가능성을 높이려면 실패를 마다하지 않는 문화가 깊이 자리 잡아야 한다. 실패해도 괜찮다고 말하는 기업은 많지만, 그것만으로는 직원들을 안심시키기 어렵다. 인간의 본성의 그렇듯, 실제로 실패해도 안전하다는 믿음이 없다면 위험 회피 성향과 공포 심리가 직원들의 행동을 지배할 것이다.

한 통신회사의 사례를 살펴보자. 어느 외부 공급업체와 협업하는 팀이 까다로운 결정사항을 관리자에게 넘겼고, 관리자는 이를 다시 최고경영자의 손에 넘겼다. 그러자 최고경영자는 공급업체의 최고경영자에게 직접 전화를 걸어 문제를 해결하려 했다. 결과적으로 하위 팀과 관리자들이 잘못된 결과가 일어날까 두려워 의사결정을 계속 꺼리면서 이와 같은 '책임 떠넘기기'가 네 차례나 발생한 셈이다.

기업은 실험 문화가 자리 잡을 수 있도록 다양한 '안전망'을 마련해야 한다. 기업이 의사결정에 대한 두려움에 성공적으로 맞설 수 있는 몇 가지 방법을 살펴보자.

안전한 도전을 위해
설계된 기술

실패는 종종 새로운 시도를 할 때 걸림돌로 작용할 수 있고, 기술은 이러한 실패가 초래하는 결과를 최소화할 수 있다. 사실 기술의 발전은 실패의 대가를 낮췄고, 실패를 빠르게 되돌릴 수 있게 만들었다. 예를 들어, 자동화된 소프트웨어 테스트를 통해 몇 초 만에 코드 장애를 발견하는 것은 물론이고, 비즈니스의 주요 부분을 위험에 빠뜨리지 않고도 장애를 수정할 수 있게 됐다. 기술 수준이 높은 기업들은 웹 사이트를 변경 이전으로 되돌려 단일 시스템 명

"경영진의 실패는 물론이고, 최고경영자의 실패에 대해 끊임없이 이야기해야 한다. 매치Match에서 CEO로 일했을 때 회사 하나를 인수한 적이 있다. 나는 당시 약 5,000만 달러를 과다하게 지불했다고 생각했고, 직원들 앞에서 이 문제를 터놓고 이야기했다. 직원들은 내가 계속 경영직을 유지하는 모습을 지켜봤고, 다들 '5,000만 달러 규모의 실수를 저지른 CEO가 아직도 일하는 것을 보니 그리 심각한 문제는 아닌가 보다. 혹여 내가 5만 달러짜리 실수를 저지르더라도 그리 큰 문제가 되진 않을 것 같다'라는 마음을 갖게 됐다."[32]

_샘 야간Yagan 숍러너Shop Runner CEO, 전 매치 그룹 CEO

령으로 문제를 해결할 수도 있다. 성능 테스트로 시스템 과부하를 측정할 수 있고, 보안 테스트로는 악성 공격에 대비한 복원력을 측정한다.

한 다국적 소비재 기업은 자체 소프트웨어를 클라우드로 이관한 덕분에 프로덕션과 유사한 환경에서 테스트를 하는 셀프서비스 도구를 개발자들에게 제공할 수 있었다. 또한 수천 개의 자동화된 테스트를 '가상 서버virtual server'에 위임하여 몇 초 만에 실행할 수 있게 됐다.

한편 제약회사들은 신약 검사 횟수와 결과 품질을 높이기 위해 고급분석과 머신러닝에 눈을 돌려, 방향을 잘못 잡아 막대한 비용을 쏟아부을 위험을 줄이고 약물 개발 속도를 높이고 있다. 일부 대량 검사(예를 들어, 미생물 검출과 수질 무균 검사)는 자동화를 통해 물리적인 실험실 대신에 온라인에서 수행될 수 있다. 환경 모니터링을 위한 실시간 미생물 검출 시스템으로 전환하면, 실험실에서의 리드 타임(소요 시간)을 총 40~75% 줄일 수 있다.[33]

'실패' 리더십

디지털 전환의 수많은 요소가 그러하듯, 변화는 상층부에서 시작된다. 비즈니스 책임자가 도전하다 실패해도 괜찮다는 것을 직접 보여주지 않는다면, 아무리 직원들에게 위험을 감수하라고 독려해도 별 소용이 없을 것이다. 숍러너의 CEO 샘 야간은 경영진에게 최근의 실패 사례를 보고해달라고 했고, 회사가

실패 비용을 치르지 않은 경우, 경영진은 보너스를 받지 못했다.[34]

트위터 사용자들과 대화를 나누며 학습하도록 설계된 마이크로소프트Microsoft의 인공지능 챗봇 테이Tay는 일부 사용자들에게 인종 차별적이고 외설적인 표현과 여성 혐오 발언 등을 습득하면서 큰 논란을 일으켰다. 마이크로소프트의 CEO 사티아 나델라Satya Nadella는 야심차게 준비한 테이의 참담한 실패에도 담당 직원들을 야단치지 않았다. 나델라는 봇 서비스를 중단시키고 의도하지 않은 테이의 폭력성에 대해 사과했을 뿐 아니라, 테이를 개발한 팀에 이메일을 보내 과감한 도전을 한 것을 후회하지 않도록 팀원들을 격려했다. 그는 실수에 대해 이렇게 말했다. "실수를 저지른다면, 그 실수를 통해 배우면 된다."[35] 한 유명 유통업체의 CEO는 직원들이 안전하다는 것을 실감할 수 있도록 직원 보호에 훨씬 적극적인 방식을 취했다. 그는 실험이 성공하면 프로젝트 리더의 공로를 인정해주고, 반대로 실패했을 땐 그 책임을 자신에게로 돌렸다.

실패를 받아들이는 문화는 디지털 기업의 핵심역량인 빠른 의사결정을 장려하는 데 중요한 역할을 한다. 아예 결정을 내리지 않을 바에는 나쁜 결정이라도 내리는 것이 낫다는 사고방식을 가져야 한다. 이때 기업 리더들도 도움의 손길을 건넬 수 있다. 예를 들어, 한 유럽 소매업체의 대표는 회의를 시작한 후 30분 이내에 의사결정을 내리라고 지시했다. 또 다른 CEO는 팀이 조직 상층부에 의사결정을 미뤄 일의 진행을 지연시키기보다는 자체적으로 더 많은 의사결정을 내리기를 원했다. 그의 해결책은 간단했다. 매주 토요일 오전 11시에 확대 회의**escala-tion meeting**를 열었다. 팀들은 자연스레 스스로 더 많은 결정을 내리기 시작했다.

아마존의 CEO 제프 베이조스**Jeff Bezos**는 2017년 주주들에게 보낸 서한에서 의사결정에 대해 이렇게 밝혔다. "대부분의 의사결정은 원하는 정보의 약 70%만을 토대로 이뤄질 것이다. 정보의 양이 90%가 될 때까지 기다리기만 한다면, 대부분의 의사결정이 늦어질 것이다."[36]

명확한 프로세스와 정보 접근성

실패해도 괜찮은 환경을 조성하려는 노력을 저해하는 또 다른 요인은 바로 불확실성인데, 조직 전반에 새로운 지침과 프로세스를 마련하고 직원들에게 명확하게 전달하면 해결할 수 있다. 이는 직원들에게 행동에 나설 수 있는 자신감을 북돋워준다. 이를테면 직무와 책임을 명확하게 규정하는 일은 시간을 절약하고 괴로운 불확실성을 줄이는 데 대단히 중요한 역할을 한다.

정보 접근성도 불확실성을 줄이는 데에 큰 영향을 미친다. 예를 들어, 콜센터 직원들에게 고객 계정에 대한 실시간 분석 또는 사용량과 수익성 데이터를 제공하면 어떻게 될까? 직원들은 상황에 맞게 실시간으로 제안을 조정하며 주어진 정보를 바탕으로 자신감 있게 의사결정을 내릴 수 있게 된다. 소매업과 서비스업 기업들은 일선 직원에게 구매 이력 같은 고객 정보를 제공한다. 직원들은 상사에게 보고할 필요 없이 주어진 정보를 토대로 현장에서 좀 더 주체적으로 고객의 문제를 해결할 수 있다. 즉 기업은 직원에게 결정 권한을 위임해 자신감을 북돋워준다.[38]

한 석유가스 기업은 여러 비즈니스 사례의 평가를 자동화함으로써 테스트 진행 상황에 대한 하드 데이터**hard data**(통계자료를 기반으로 하는 정량 데이터 – 옮긴이)를 지속적으로 얻을 수 있었다. 덕분에 기업의 디지털 투자 결정에 대한 경영진의 불안감도 줄어들었다. 데이터에서 얻은 통찰은 경영진에게 최첨단 솔루션을 추진할 자신감을 심어줬다. 하드 데이터를 토대로 효과적인 방법을 거의 실시간으로 비교적 저렴하게 확인하고, 실패를 빠르게 감지할 수 있었기 때문이다.[39]

구글**Google**은 실패 후에 따라올 비판이나 죄책감에 대한 걱정 없이 위험을 감수해도 괜찮다고 느낄 때 직원들이 훨씬 좋은 성과를 낸다는 사실에 착안해, 실패에 대한 인식을 긍정적으로 바꾸기 위해 의식적인 노력을 기울였다.[40] 그래서 어떤 일이든 기록할 때는 팀원들에게

"무엇이 잘됐는가?" 그리고 "어떤 부분에서 운이 좋았는가?"와 같은 질문에 답하도록 했다. 잘못을 찾아내기보다는 프로세스를 개선할 방법을 찾기 위해서였다. 팀 리더는 팀이 저지른 실수와 실패를 인정하고 이를 주저 없이 문서로 남겼다. 팀에서 특정인을 비난하는 행동은 지양됐고, 실수와 실패를 이유로 불이익을 받는 사람은 없을 것이라는 메시지가 재차 강조됐다.[41]

실패가 늘 허용되는 것은 아니다.

다음과 같은 경우는 분명한 잘못이다.

- **아이디어에 결함이 있거나 성의가 부족하다.** 모든 위험은 충분히 고려돼야 한다. 아마존에서는 보통 새로운 아이디어를 내놓을 때 출시 제품의 형태를 설명하는 여섯 쪽 분량의 보고서와 예상고객이 가질 법한 의문에 대한 답 전문을 제출해야 한다.

- **진행 상황을 추적하고 조정할 수 있는 메커니즘이 존재하지 않는다.** 통계 지표와 명확한 보고 체계, 거버넌스 프로세스governance process(비즈니스 계획과 정책 준수, 권한 적합성 여부 등을 확인하는 과정-옮긴이)가 필요하다.

- **직원들이 학습한 내용을 공유하지 않고, 학습한 대로 행동하지 않는다.** 실패에서 배우고 개선되는 게 없다면, 무슨 의미가 있는가?

- 기업의 최고경영자는 실패에 따른 불이익은 없을 것이라는 확신을 직원들에게 심어주는 데 핵심적인 역할을 한다.

- 실패를 받아들이는 기업 문화는 빠른 의사결정을 장려한다.

- 불확실성을 줄이고 믿을 만한 정보에 대한 접근 권한을 부여하면 직원들은 자신 있게 더 많은 의사결정을 할 수 있다.

- 자동화와 데이터 분석은 특히 테스트 단계에서 사실상 '빨리 실패하기 **failing fast**'를 목표로 삼는 수준까지 발전했다.

- 실패는 오직 실패를 통해 얻은 교훈을 바탕으로 앞으로의 행동을 개선할 때에만 허용된다.

7

애자일 문화의 확산을 위해
무엇이 필요한가?

———————————————— 기업 문화에 애자일 요소를 심기 위해서는
고객 중심주의와 협업이 필수다.

애질리티는 학습하고 적응하는 문화의 핵심 요소다. 애자일은 뭔가를
시도하고, 현장에서 테스트하고, 배운 것을 바탕으로 조정하고, 다시
새롭게 시도하는 사람들의 아이디어를 구현한다. 학습과 적응 과정을
계속해서 빠른 속도로 반복하는 것이다.

많은 기업이 애자일 접근 방식을 취해 조직 내 일부 부서에서 놀
랄 만한 성공을 거뒀지만, 그러한 성공을 조직 전반으로 확대하는 데
는 어려움을 겪어왔다. 애자일 팀은 IT에 가려지거나, 마장마술馬場馬術
처럼 보여주기식 이니셔티브로 분리돼 특이한 성공사례로 남곤 한다.
애자일 팀이 다른 비즈니스 팀보다 경제적으로 뛰어난 성과를 낼 확
률이 50%에 달한다는 점에서, 조직 내 애자일 팀의 확장은 매우 중요

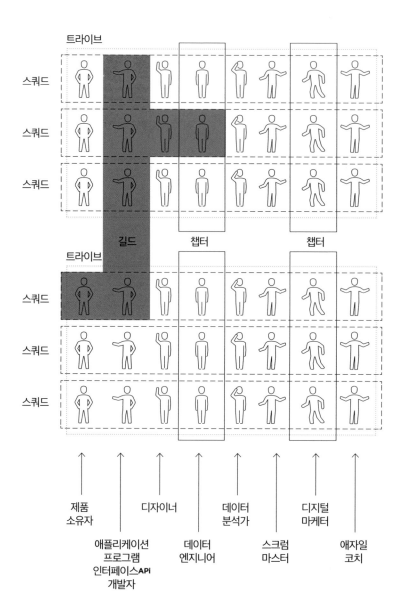

트라이브

스쿼드

스쿼드

스쿼드

길드

챕터

챕터

트라이브

스쿼드

스쿼드

스쿼드

제품
소유자

애플리케이션
프로그램
인터페이스APi
개발자

디자이너

데이터
엔지니어

데이터
분석가

스크럼
마스터

디지털
마케터

애자일
코치

애자일을 위한 조직 구성

각자의 직무를 수행하면서 여러 팀을 이뤄 협업할 수 있는 방법의 예

트라이브
- 업무와 목표를 공유하는 여러 스쿼드로 이뤄진 집단
- 150명 미만으로 구성돼 효과적인 협업을 촉진
- 현재 상태와 학습한 내용을 공유하기 위해 정기 모임 개최

스쿼드
- 자체적으로 업무방식을 정의하고 조직을 구성하는 집단
- 물리적으로 가까운 자리에서 협업
- 제품과 서비스를 디자인, 개발, 테스트하고 결과물을 출시할 수 있는 기술과 도구 보유
- 개별 제품 또는 서비스 담당
- 제품 소유자가 주도

챕터 Chapter
- 교차기능 역량을 지닌 집단(예: 프로그래머)
- 정기적으로 만나 지식 교환

길드 Guild
- 여러 트라이브를 아우르는 비공식 공동체
- 같은 관심사를 가진 사람들을 모아 실무 경험과 지식 공유

하다.[42]

　기업이 애자일 업무방식을 조직 전체에 확산시키려면 프로세스, 거버넌스, 조직 구조, 기술 등 애자일을 지원하는 메커니즘을 안정적으

로 뒷받침해줘야 한다. 그렇지만 애자일과 프로젝트 관리를 동일시한 나머지 애자일 팀을 위한 전사적 지원 체계를 구축하지 못하는 기업이 많다.

애자일을 효과적으로 확장하는 데 필요한 조직적 변화 가운데 상당수는 실효성이 충분히 입증됐다. 하지만 평가 절하되거나 오해를 사기 쉬운 몇 가지 중요한 애자일 프랙티스도 있다. 아래에서 이를 살펴보고 잘못된 이해를 바로잡고자 한다.

애자일한 예산 편성

애자일 이니셔티브를 이어가려면 필요할 때 신속한 예산 배정을 보장하는 애자일한 예산 편성 budgeting 프로세스가 필요하다. 반복적으로 개발을 하려면 당연히 반복적으로 자금을 지원해야 하지만, 많은 전통적인 비즈니스에서 이런 식으로 자금을 지원하기란 실질적으로 쉽지 않다. 예산 편성은 조직에서 보수적으로 행해지고 좀처럼 바뀌지 않는 영역으로 남아 있다.

자금 지원을 요청하고 승인을 얻어내는 프로세스가 여러 겹의 관료주의에 휩싸여 있다면, 전환을 방해할 수 있다. 실제로 북미의 한 대형 보험회사는 관료주의적인 관행으로 인해 혹독한 대가를 치렀다. 이 보험회사는 매년 자금을 검토하던 기존의 관행으로 인해서 애자일 업무방식을 도입한 고객응대팀들에 보조를 맞추지 못하면서 끝내 혁신을 가로막는 결과를 낳았다. 일선 팀들은 필요한 자금을 지원받을 수 있을지 없을지 알기까지 수개월을 기다려야 했다.

예산 재배정을 위한 역동적인 프로세스는 연중 실시돼야 한다. 최고재무책임자CFO는 분기마다 회사의 전략적 우선순위를 검토하고, 조직 단위에 자원을 배분해 이를 지원하도록 이끈다. 또한 엄격한 핵심성과지표KPI를 기준으로 각 조직 단위가 진전을 보이고 있는지 평가하고, 평가 결과에 따라 예산을 재배정한다. 그 후 조직 단위별 책임자들은 우선순위를 재조정하거나 매월, 매주 또는 매일 각 팀에 예산을 재배정하는 등 자금 용도를 자유롭게 결정할 수 있다. 대규모의 '벤처 자금venture funding'을 별도로 마련하기도 한다. 모든 직원은 분기마다 자금을 조달해 새로운 아이디어를 지체 없이 시도해볼 수 있다.

이와 같은 애자일한 예산 편성 프로세스로 인해 훌륭한 프로젝트는 생존이나 성장에 필요한 자금을 조달하고, 반대로 덜 유망한 프로젝트는 중단된다. 수백 개의 파일럿 프로젝트(본격적인 비즈니스 프로젝트를 진행하기 전에 수행하는 사전 검증 프로젝트 - 옮긴이)를 시범 운영하는 것도 기업가 정신을 배양하고 아이디어를 창출하는 좋은 방법이지만, 부적절한 파일럿 프로젝트를 추려내는 규율화된 프로세스가 없다면 자원이 낭비되기 쉽다. 따라서 프로젝트가 전략적인 목적에 부합하지 않거나 반복적으로 핵심성과지표에 미달하고 마감기한을 놓친다면 신속하게 자금을 회수해야 한다.

1년 동안 이뤄지는 애자일한 예산 편성

애자일 조직에서는 1년 내내 예산 활동이 이뤄진다.

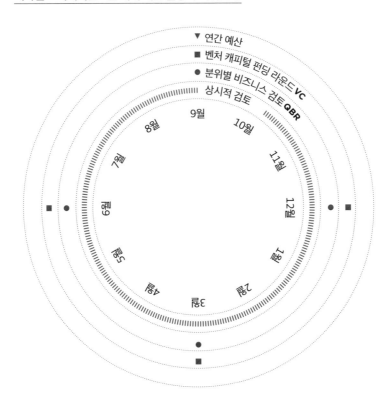

▼ 연간 예산
■ 벤처 캐피털 펀딩 라운드 VC
● 분위별 비즈니스 검토 QBR
〰 상시적 검토

▼ 연간 예산
· 연 1회
· 준비 기간 3~6주

■ 벤처 캐피털 펀딩 라운드
· 분기별 1회
· 준비 기간 상이

● 분기별 비즈니스 검토
· 분기별 1회
· 준비 기간 3주

〰 상시적 검토
· 일 1회
· 조직 단위 수준의 일일 활동

그렇다고 전체 예산을 반드시 애자일 형태로 배정해야 한다는 강박에 사로잡혀서는 안 된다. 예산의 상당 부분은 애자일이 아닌, 리스크 관리 차원에서 이뤄져야 한다. 대략 기업 예산의 60%는 통상적인 방식으로 배정하고, 30%는 애자일하게 배정하고, 10%는 벤처 자금에 할당하는 것이 좋다.

애자일을 터득하는 방법

아르헨티나 금융기관인 나랑하Naranja의 미겔 페냐Miguel Peña 부회장은 업무방식의 전환에 대해 이렇게 말했다.

"사실 전통적인 방식에서 새로운 방식으로 직원을 이끌기는 매우 쉽다. 왜 그럴까? 새로운 업무방식이 예전 방식보다 낫기 때문이다. 하지만 우선 직원에게 새로운 기술을 제공해야 한다."[43]

새로운 기술에 한 가지 더 덧붙이자면, 이러한 새로운 기술을 가르칠 애자일 코치도 필요하다. 애자일 코치는 애자일 업무방식을 수호하고, 다른 직원들에게 이를 준수하는 방법을 알려준다. 그들은 팀원과 팀 사이에 벌어지는 상호작용을 매일 관찰하며 팀들과 긴밀하게 협업한다. 애자일 업무방식을 강화하고, 문제를 발견하고, 해결책을 찾을 수 있도록 지원한다. 애자일 코치의 목표는 다른 직원들에게 자신감을 북돋워주는 것이며, 영광은 팀의 몫이다.

애자일 코치가 모든 직원을 바꿀 수는 없다. 특히 중간관리자는 애자일 업무방식을 꺼릴 수도 있다. 자신의 업무가 덜 중요해지거나 쓸모없어지기 때문이다. 소규모 팀이 훨씬 더 독립적인 수준으로 운영되는 애자일 조직에서는 관리가 필요한 부하직원의 수가 현격히 줄어든다. 이러한 차이는 자연스레 전환 프로그램에 대한 중간관리자들의 소극적인 저항을 불러일으킬 수 있다. 이러한 갈등을 해소하려면 세심한 주의가 필요하다. 그렇지만 능력 있고 학습 의지가 있는 직원들을 훈련시키는 데 집중한다면 조직 전반에 애자일 방식을 빠르게 도입할 수 있다. 다행히 애자일 팀에서는 책임과 투명성을 강조하기 때문에 유능한 직원은 금방 눈에 띄기 마련이다. 옛 방식만을 고수하는 직원 대신, 새로 훈련받은 직원과 팀에 주요 업무와 이니셔티브를 배정한다면 고집불통 직원들이 조직에 끼치는 부정적인 영향을 줄일 수 있다.

리더들이 애자일 방법론을 익힐 수 있도록 지원하는 것도 중요하다. 최고의 기업들은 몰입형 리더십immersive leadership 프로그램을 만들어 조직에 새로운 사고방식과 역량을 소개한다. 또 한 발 더 나아가 프로그램 참가자들이 이미 진행 중인 애자일 전환 이니셔티브에 참여하도록 이끌고, 새로운 조직 실험을 개시해 참가자들이 습득한 새로운 지식을 실행에 옮길 기회를 재빠르게 제공한다.

리더들이 직접 시간을 들여 애자일 경영을 익히지 않는 한, 직원들이 애자일의 가치를 높이 평가하거나 지지할 가능성은 적다. 실제로 한 북미의 대기업에서는 사내 기술 부서가 18개월에 걸쳐 꾸준히 애자일 업무방식을 도입했지만, 이러한 노력은 조직 내 다른 부서들의 주목을 받지 못했다. 당시 경영진은 무슨 일이 일어나고 있는지 제대로 이해하지 못했고, 그저 "기술팀이 실행하려고 하는 프로젝트" 정도로 취급했을 뿐이다. 돌연 애자일에 관심을 갖게 된 수석 부사장이 애자일 팀을 직접 찾아가 그들이 일하는 방식을 목격하고 비즈니스 실무에 변화를 주고 나서야 비로소 조직 전반에 전환이 일어나기 시작했다. 얼마 지나지 않아 애자일은 이 기업의 5대 우선 과제가 됐다.

철저한
고객 우선주의

애자일은 종종 프로세스로 여겨지는데, 실제로는 (프로세스에 의해 뒷받침되는) 마인드셋mind-set(마음가짐)을 가리킨다. 물론 애자일은 테스트와 학습, 그리고 새로운 업무방식 등을 아우르는 개념이다. 하지만 그 핵심은 고객이 원하거나 필요로 하는 것을 제공하겠다는 결의에 있다. 이러한 원칙을 비즈니스 전반에 깊이 새긴다면 일관된 평가 기준을 제공할 수 있다. 한편 거의 모든 기업이 '고객 우선주의'를 내세우지만, 자세히 들여다보면 실제로는 고객의 니즈보다는 기업의 내부 효율성이나 이익을 주된 원동력으로 삼고 있다는 것을 알 수 있다.

비즈니스 전략을 결정하는 최고경영자, 고객에게 직접 서비스를 제공하는 영업사원, 분석 플랫폼을 개발하는 데이터 분석가를 포함한 모든 임직원이 고객 서비스를 책임진다는 전제에서 애자일 마인드셋이 시작된다. 이것이 핵심 가치가 되어 응집력을 만들어내고 목적을 제공할 때 비로소 애자일 업무방식을 조직에 주입할 수 있을 것이다.

고객 중심 디자인의 위력44

맥킨지 디자인 지수McKinsey Design Index에서 상위 25%에 속한 기업들은 산업 벤치마크 성장률을 웃돌았다.

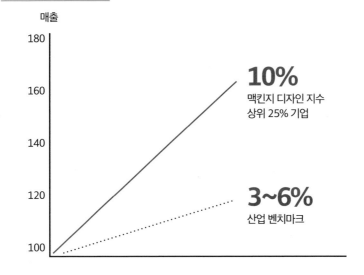

애자일은 일을 더 잘하는 문제가 아니라 고객에게 더 나은 서비스를 제공하는 문제다.

진정한 고객 우선주의 정신에 생명을 불어넣을 방법은 디자인에 있다. 디자인은 고객의 관점을 모든 개발에 통합하는 프로세스다. 이는 단순히 의견을 모으거나 근사한 웹 사이트를 만드는 작업을 넘어, 기업 전반적으로 고객 중심의 적응형 학습 프로세스를 구축하는 작업을 가리킨다.

적합한 디자인을 만들어내는 작업은 가치 있는 일이다. 기업의 디자인 역량을 평가한 맥킨지 디자인 지수에서 상위 25%에 속한 기업의 성장률은 다른 동종업계 기업보다 두 배 높게 나타났다.[45]

성공을 거머쥔 기업들의 중요한 특징은 다음과 같다.

- **고객을 이해하기 위해 엄청난 노력을 기울인다.** 디자인 접근 방식에서는 잠재 사용자들의 실질적인 니즈를 이해하기 위해 신뢰할 만한 고객 통찰이 필요하다. 하지만 맥킨지가 조사한 기업 중에서 사용자에 관한 조사를 수행한 후에 최초 디자인 아이디어나 제품 규격을 만들어낸 기업은 겨우 절반에 그쳤다.[46]

한 다국적 피자 체인업체는 배달 서비스를 개선하려 했다. 이 시장은 이미 소비자의 선택을 받기 위해 치열한 경쟁이 벌어지고 있는 포화 시장이었다. 데이터 분석 결과, 고객 만족을 좌우하는 중요한 요인 중 하나는 피자가 얼마나 뜨거운 상태로 집까지

배달되는가였다. 이 피자 기업은 이에 착안하여 '인텔리전트 키친Intelligent Kitchen' 기술에 투자했다. 인텔리전트 키친이란 고객이 집에서도 뜨끈뜨끈한 피자를 받을 수 있도록 집 주소, 배달원 이용 가능 여부, 현재 위치, 도로 여건 등을 바탕으로 주문받은 피자를 언제 구울지 결정하는 기술이다. 이러한 신기술을 도입하자 총매출이 첫해에만 7% 증가했고, 그 후 수년 동안 매출 증가세가 이어졌다.

양적 연구와 질적 연구를 조화롭게 이어갈 때 최상의 결과가 나온다. 한 최상위 팀은 제품과 서비스의 장점을 논의하기 위해 고객을 매월 정기회의에 초대한다. 세계 최대 금융기관으로 손꼽히는 한 은행의 CEO는 한 달에 하루를 고객들과 보내고, 다른 최고경영진에게도 고객과의 만남을 독려한다.

- **고객의 피드백을 바탕으로 끊임없이 발전한다.** 지속적인 개선은 디지털 전환을 달성하기 위한 핵심이다. 이것이 바로 원시 학습raw learning 능력이다. 초기 프로토타입prototype을 외부인과 공유하는 문화를 조성하고 모형 제작이나 내부 프레젠테이션에 과도한 시간을 쏟지 않도록 하는 기업에서 이러한 학습 능력을 확인할 수 있다. 반복 프로세스는 가치 있는 작업이지만, 우리가 조사한 기업의 약 60%는 내부 생산 테스트, 그것도 개발 과정 말미에나 프로토타입을 사용한다고 답했다.

중심을 잡아주는 받침대

"알다시피 세상이 너무 빠르게 바뀌고 있어서 이제 중앙에서 모든 것을 통솔하는 것은 불가능하다. 오늘날 직원들의 자율성은 크게 높아졌지만, 자율성을 뒷받침하는 데 필요한 관리 시스템은 깊이 논의되지 않고 있다. 제대로 된 관리 시스템 없이는 혼돈에 빠지기 쉽다.

나는 조직관리 시스템이 공유 문화와 운영 원칙에 바탕을 두고 있다고 생각한다. 조직의 문화와 원칙은 수행해야 할 업무와 목적을 분명하게 규정한다. 또 운영 원칙은 고객에게서 시작된다. 우리 팀과 나는 고객이 원하는 간편한 결제, 신뢰 및 가치를 이해하기 위해 열심히 노력해왔다. 이러한 원칙을 통해 관리자는 제품 소유자(제품 팀을 운영하는 담당자)와 함께 목표를 정의할 수 있다. 제품 소유자들에게는 목표를 달성할 책임이 있다. 최종 목적지가 어디인지 분명히 밝혀야 하는 책임은 관리자인 내게 있지만, 목적지에 어떻게 도달할지는 그들에게 달려 있다.

프라샨트 간디
Prashant Gandhi

JP모건 체이스 JPMorgan Chase 디지털 결제 책임자 겸 전무이사

이러한 원칙은 행동의 자유를 지지하는 받침대가 된다. 받침대가 튼튼하면 관리자는 살짝 뒤로 물러서 있어도 괜찮다. 관리자가 원칙을 세우고, 직원들에게 그 원칙을 이행할 자율 권한을 부여하고, 공정하고 엄격한 평가 시스템을 제공한다면, 직원들은 원칙을 이해하고 지지해줄 것이다."

기업은 새로운 기술을 통해 전통적인 시장조사나 포커스 그룹**focus group**(시장 조사를 위해 각 계층을 대표하는 소수의 사람들을 모아 구성한 집단 – 옮긴이)을 활용할 때보다 훨씬 빠르게 통찰을 얻고 제품을 테스트할 수 있다. 디지털 마케팅팀은 화상채팅을 이용해서 온라인 고객 패널을 모집하고, 고객 패널이 제품을 테스트하면서 실시간으로 남긴 피드백을 확인할 수 있다. 한 보험사는 예전에는

지나쳤을지도 모를 고객의 고충을 파악하기 위해서 디지털 일지를 작성했다. 이와 비슷한 방식으로 디지털 회사들은 몇 시간 또는 며칠 만에 수천 명의 고객을 대상으로 신제품과 캠페인에 대한 A/B 테스트(마케팅 실무에서 A와 B 디자인 중에 고객의 선호도가 높은 것을 선정하는 웹 분석 기법 – 옮긴이)를 신속하게 진행할 수 있다.

우리가 생각해야 할 것들

- 애자일은 단순히 하나의 프로세스가 아니라 고객 목표를 최우선으로 여기는 마인드셋이다.
- 팀의 자율성은 이행해야 할 업무와 목적에 대한 운영 원칙이 세워져 있을 때 가장 효과적으로 작동한다.
- 임직원이 새로운 기술을 빠르게 익히려면 애자일 코치의 지도가 필요하다.
- 애자일한 예산 편성은 프로젝트에 자금을 신속하게 배정함으로써 조직에 애자일 방식이 확장되도록 지원한다.
- 안정적인 프로세스가 뒷받침되지 않으면 애자일 업무방식이 조직에 뿌리내릴 수 없다.
- 디자인 사고design thinking(고객의 니즈와 기술 구현, 비즈니스의 성공 가능성을 하나로 통합하여 접근하는 방식 – 옮긴이)는 고객을 제대로 이해하려는 노력을 의미한다.

가까운 팀의 위력[47]

팀 구성원들 간의 위치가 멀어질수록 생산성은 감소한다.

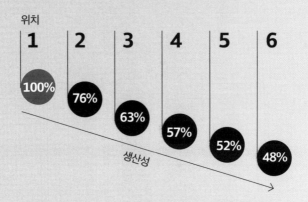

위치

1 100%
2 76%
3 63%
4 57%
5 52%
6 48%

생산성

8

훌륭한 디지털 인재를 채용했는가?

_____ 인재를 확보할 때는 양보다 질이 중요하다.
그리고 훌륭한 인재는 또 다른 훌륭한 인재를 끌어들인다.

열렬한 축구팬이었던 유럽의 한 최고경영자는 만일 자신에게 충분한 예산이 있다면 우승을 거머쥘 축구팀을 꾸릴 수 있다며 자신감을 내비쳤다. 그렇다면 크리켓팀은 어떨까? 그는 크리켓 경기에는 문외한이어서 어디서부터 손을 써야 할지 갈피를 잡지 못할 것이라고 말했다.

그는 이처럼 인력 채용을 스포츠에 비유하면서, 오늘날 기업의 리더가 승승장구하는 디지털 팀을 꾸리는 일은 무척 힘든 과제가 될 수 있다고 지적했다. 인력의 공급 부족이 일어나는 치열한 경쟁 시장에서 디지털 인재를 확보하기란 대단히 어렵다. 하지만 무엇보다도 적합한 인재를 선별하기가 훨씬 더 어렵다. '훌륭한 인재상'을 머릿속에서 제대로 그려내지조차 못한다면 어디서부터 시작해야 할까?

연구에 따르면 기업에 적합한 인력을 채용하는 일은 매우 중요하다. 고도로 복잡한 전문직종(정보 집약적이고 상호작용을 중심으로 하는 직무의 관리자와 소프트웨어 개발자 등)에서 뛰어난 성과를 내는 사람의 생산성은 다른 동료보다 무려 여덟 배나 높았다.[48]

따라서 최고경영진이 인력 문제로 고심하는 것은 그리 놀라운 일이 아니다. 맥킨지가 산업 분야에 속한 고위 경영진 300여 명을 대상으로 진행한 설문조사에 따르면, 조직에 미칠 영향력과 실제 비즈니스 준비 상태 사이에서 격차가 가장 큰 분야로 '역량과 인재 관리'가 꼽혔다.[49] 이러한 우려는 애자일 코치부터 데이터 분석가에 이르기까지 다양한 유형의 디지털 인력에서 고루 나타난다. 예를 들어, 또 다른 맥킨지 설문조사에 참가한 응답자 중 단 27%만이 인공지능 업무 지원에 필요한 역량을 갖춘 인재를 확보했다고 답했다.[50] 대기업은 인력 문제를 해결하는 데 특히 어려움을 겪는다. 상당수의 대기업이 IT와 마케팅 등 주요 역량의 많은 부분을 아웃소싱하는 데 익숙하기 때문이다.

최고의 인재를 확보하는 데 집중하라

앞으로 나아가기 위해서는 우선 양보다는 질에 신경 써야 한다. 대기업은 앞으로 디지털 기술을 갖춘 인력을 수천 명까지는 아니더라도 수백 명은 족히 필요로 할 것이다. 적절한 기술과 경험을 갖춘 소수의 스타급 인재는 조직의 전환에 즉각적이고 파괴적인 영향을 끼칠 수 있다. [우리는 열 명 이하의 고급인력으로 구성된 팀이 조직에 커다란 변화를 일으키는 과정을 여러 번 목격했다. '들어가며'에서 언급했듯이 미국의 한 통신회사에서는 세 명으로 이뤄진 소규모 팀이 마이크로세그멘테이션microsegmentation(시장의 고객층을 극도로 세분화하는 마케팅 전략 - 옮긴이) 작업을 진행한 결과, 타깃팅 프로세스의 효율성을 40% 이상 끌어올렸고 디지털 마케팅 비용을 절반으로 줄일 수 있었다.]

이처럼 탁월한 실력을 지닌 유명한 스타급 인재에게는 임금을 두둑이 챙겨줘야 한다. 정말 훌륭한 인재라면 그에 상응하는 몸값을 받을 가치가 충분히 있을 것이다. 전환이 일어나는 과정에서, 대단히 우수한 인재는 조직의 변화에 불을 붙이는 핵심 역할을 수행한다. 스타급 인재는 인력을 추가로 늘릴 때 좋은 인재와 그렇지 못한 인재를 확실히 구별해낸다. 그들은 인맥을 보유하고 있고, 뛰어난 역량을 지닌 인재를 계속해서 자석처럼 끌어당기는 매개체가 될 수 있다. 유전 화재 진압으로 명성을 얻은 전설의 엔지니어 레드 어데어Red Adair는 전문 인력의 필요성을 강조하며 다음과 같이 말했다. "전문가를 고용하는 것이 비싸다고 생각하면, 결국 어설픈 아마추어를 채용하게 된다."

사업 초창기에 영입한 인재에게 웃돈을 지불하면, 이 최고의 인재들과 함께 일하기를 열망하는 다른 지원자들의 임금을 줄이는 효과를 볼 수 있다. 한 대형 유통업체는 주요 이니셔티브를 시작하는 데 열한 명의 직원이 필요할 것으로 예상하고, 한 굴지의 IT기업에서 적합한

능력 기준을 강화하는 방법

"우리는 새로 채용하는 직원이 현재 같은 수준에서 일하는 기존 직원의 절반보다 뛰어나길 바란다. 이러한 효과가 나타날 수 있도록 우리는 바 레이저**Bar Raiser**(능력 기준 등을 강화하는 사람-옮긴이) 프로그램을 진행한다. 신규 채용에 앞서 종신 재직이 보장된 아마존 직원들을 면접관으로 선발한다. 그들은 채용 관리자의 지휘 체계에서 벗어나, 직원 면접에서 중립적인 제3자가 되어 인재의 능력 기준을 높이는 바 레이저 역할을 수행한다. '시스템에 긴장'을 불러일으켜 회사의 장기적 이익에 부합하는 채용 결정을 이끌어내는 것이 그들의 목표다. 바 레이저는 팀의 빈자리를 채우려 할 때 특히 중요하다. 채용 관리자가 일을 급히 처리하려 할 때도 바 레이저가 균형을 잡아주는 역할을 하기 때문이다. 직원들의 고용 계약을 연장하려면 바 레이저의 동의가 필요하다."

베스 갈레티

아마존 인사부 수석 부사장

인재들을 찾아냈다. 유통업체는 그들을 영입하기 위해 기존 연봉의 두 배에 달하는 임금 조건을 내걸었다. 하지만 이 최상급 인재들과 함께 일하고자 하는 그다음 50명의 인력에게는 기존 연봉의 20%만 올려줘도 됐다. 이렇게 조직된 프로젝트 팀은 채 9개월도 되지 않아 온라인에서 연 매출 14억 달러를 추가로 벌어들이며 엄청난 성과를 거뒀다.

채용의 목적을
이해하라

　　　　　채용 과정에서는 최고의 인재 영입 이외에도 현재와 미래에 해결해야 할 문제 또한 고려해야 한다. 맥킨지 설문조사에 따르면 특정 요건에 따라 채용 목표를 설정한 기업이 그러지 않은 기업보다 전환에 성공했다고 발표할 가능성이 두 배나 더 높았다.[51] 최고의 조직은 비즈니스가 진화하는 방식을 명확하게 분석하고, 그에 따라 능력 향상 정도를 측정하고 추적해 미래의 기술 격차를 파악한다. 그 후 필요한 인력을 미리 찾아 영입할 계획을 세운다.

보상 경쟁을 피하는 방법

능력별 페이밴드pay band(성과에 따라 등급을 나누고 등급별로 연봉을 지급하는 제도-옮긴이)**를 확대하라.** 페이밴드가 확대되면 조직은 더 수평적으로 변화되고, 이는 디지털 인재들에게 희소식이다. 페이밴드를 확대하면 잠재적으로 부서 이동lateral move(승진이 아닌, 같은 직급의 다른 직무로 자리를 이동-옮긴이)이 촉진되고, 끊임없이 새로운 것을 익히기를 좋아하는 호기심 많은 직원들의 근속에 큰 도움이 된다.

멜리사 스위프트
Melissa Swift

콘 페리 Korn Ferry 수석 고객
파트너 리더 겸 디지털 고문

임금 구성을 조정하라. 기본급보다 보너스에 비중을 두면 기업은 고정비용을 낮게 유지할 수 있다. 오늘날 이러한 지급 방식은 고정수입보다 총수입을 선호하는 많은 직원에게 적합하다.

임금 격차에 익숙해져라. 직원들이 창출하는 가치에 따라 임금을 책정한다면 임금 격차는 더욱 벌어질 것이다. 유명한 스타급 개발자가 바로 옆에 앉은 다른 동료 개발자보다 두 배나 더 버는 상황은 그리 이상하지 않다.

가장 특출난 직원을 위한 장기 성과급 제도를 설정하라. 오늘날 디지털 노동자들의 평균 근속 기간은 36개월에 불과하고, 최근에는 이보다도 짧아지고 있다. 최상급 인재들의 근속 기간은 여전히 짧은 편이다. 조직에 가장 많이 기여한 직원들을 붙잡고 싶다면 장기 성과급 제도를 확립하는 것이 좋다.

성과 지표performance metrics를 다시 고민하라. 디지털 세계에서 기업이 성공하고 직원들에게 영감을 주는 데 유용한 여러 가지 행동에 적절하게 보상할 방법을 찾아야 한다. 단순한 프로젝트 완료 비율만으로는 성과를 제대로 측정할 수 없다.

개인적으로 대하라. 직원을 한 사람으로 여기는 모습을 보여줄수록, 직원들은 연봉에 상관없이 자신이 소중하게 다뤄지고 있다고 느낄 것이다. 이제 창의력을 발휘해 직원 개개인에게 맞춤형 보상을 제공해보자. 어떤 기업은 부동산 담보대출이나 학비를 지원하고, 또 다른 기업은 언제 어디에서든 교육비를 지원하겠다고 제안한다. 교육비 지원은 오늘날 지속적으로 학습을 추구하는 직원들에게 대단히 매력적인 제안이다. 그 외 직원들이 각자 원하는 혜택을 누릴 수 있도록 현금을 제공하는 기업도 있다.

진화하는 시장과 함께 진화하라. 18개월 전만 해도 앱 개발자들을 찾기가 쉽지 않았는데 이제는 애자일 코치에 대한 수요가 훨씬 높아졌다. '차세대 혁신next big thing'을 놓치지 않으려면 산업 동향을 잘 파악하고, 그에 따라 계획을 세워야 한다. 그리고 불필요한 임금 보장에 얽매여서는 안 된다. 필요한 직원을 그저 오래 붙잡아두려고 애쓸 게 아니라, 필요한 시점까지 고용을 유지하는 '애자일 보상agile rewards' 제도를 운영해야 한다. 똑똑한 조직은 18개월 동안 지속될 직무와 5년 동안 지속될 직무를 각각 파악해 그에 걸맞은 보상 체계를 확립하기 위해 노력한다."

그런데 안타깝게도 기업이 다음 단계로 넘어가기 위해 필요한 인재를 찾으려고 고군분투하는 사이, 전환 프로그램이 중단되는 일이 비일비

재하게 일어난다.

인사팀을
다시 생각하라

많은 기업의 인사팀이 필요한 유형의 직원을 필요한 만큼 고용하지 못하고 있다. 아르헨티나 금융기관 나랑하의 미겔 페냐 부회장은 인사팀 직원들과 대화를 나누기조차 꺼리는 잠재적 신입사원이 많다는 점을 지적했다. 그들은 디지털에 대한 이해도가 부족해 보이는 인사팀 직원보다는 앞으로 회사에서 함께 일할 사람들과 대화하고 싶어 했다.

이제 인사팀을 처음부터 다시 새롭게 구축해야 한다. 채용 전략 프로젝트로 '디지털 인재 작전실'을 만드는 것도 조직에 변화를 일으킬 수 있는 매우 유용한 방법이다. 작전실에는 오랜 관행을 깨기 위한 노력에 힘을 실어줄 임원진 후원자, 그리고 디지털 문화에 몰두하고 오로지 디지털 채용만을 전담하는 채용팀이 포함된다. 작전실은 현장의 요구사항을 파악하기 위해 조직의 여러 부서에서 일하는 전문가들과 긴밀하게 협력하고 이들을 채용 과정에도 참여시킨다. 새로운 인재를 발굴하고, 채용 과정을 획기적으로 단축하고, 디지털 시대에 꼭 맞는 가치제안을 정의하도록 지원하는 등 다양한 업무가 작전실에서 이뤄진다.

미국의 한 대형 농업회사는 디지털 인재 작전실을 세운 후 채용 과정을 완전히 새롭게 뜯어고쳤다. 심사와 면접을 통해 입사 지원자들을 추려 채용 결정을 내리기까지 걸리는 기간을 몇 달에서 단 며칠로 단축했다. 채용 관리자들은 평가 과정에서 우선순위에 드는 지원자들을 의식적으로 친밀하게 대하며 최고경영자를 비롯한 여러 팀과 리더들을 만날 수 있는 장소로 안내했다. 최고경영자는 최우선 채용 순위에 오른 지원자들에게 그의 비전을 알리는 데 한껏 노력을 기울였다. 결과는 어땠을까? 인재 작전실을 세운 지 6개월도 채 지나지 않아 이 기업은 스컹크워크스skunkworks(혁신을 목적으로 극비리에 진행하는 연구 개발 프로젝트-옮긴이) 부서에 필요한 직원들을 모두 채용하고, 단 4개월 만에 신제품을 출시할 수 있었다.

분석 기법을 이해하고 있는가?[52]

200~400만 명
2026년까지 미국의 분석 통역사analytics translators 예상 수요

인력을 찾고 유지하는 방법을 더욱 효과적으로 터득하기 위해 고급 분석 기법을 활용하는 인사팀도 있다. 예를 들어, 분석 기법을 통해 퇴사 위험이 가장 많은 직원을 파악하고 인재 파이프라인의 효과를 평

중요한 디지털 직무에 대해

최고 제품 소유자chief product owner: 최고 제품 소유자는 최종 고객 대표자customer champion(고객경험 개선을 최우선시하며 조직에서 고객을 대표하는 역할을 맡는다-옮긴이)이다. 전반적인 고객 여정에 무엇을 가능케 할 것인지 야심 찬 비전을 세운 후, 제품 소유자의 팀이 목표를 달성할 수 있도록 동기를 부여한다.

제품 소유자: 종종 '작은 CEO'로 묘사되는 제품 소유자는 비전을 제시하는 관리자이자, 영향력을 행사하는 기술자이기도 하다. 제품 소유자는 고객 여정의 윤곽을 그리고 이를 제품이나 서비스로 구현하여 고객에게 제공하는 업무를 맡는다. 좋은 제품 소유자는 혼자서도 평범한 팀을 이끌며 결과물을 만들어낼 수 있다. 반면 나쁜 제품 소유자는 뛰어난 엔지니어들을 교착 상태에 빠지게 할 수도 있다.

분석 통역사: 이 직무는 분석 결과가 조직에 영향을 끼치도록 이끄는 데 매우 중요한 역할을 한다. 분석 통역사는 기술 전문가(예: 데이터 엔지니어, 데이터 분석가)와 운영 전문가(공급망, 제조) 등을 이어주는 중요한 연결고리이다. 꼭 전문지식이 아니더라도 깊이 있는 특수 지식을 갖춘 분석 통역사의 지원을 받는다면, 비즈니스 리더는 가치를 창출할 기회를 발견하고 이를 인공지능 분석 전문가들에게 전달할 수 있다. 맥킨지 글로벌 인스티튜트MGI, McKinsey Global Institute는 분석 통역사에 대한 수요가 2026년에는 200만~400만 명에 이를 것으로 추산하고 있다.53

수석 설계자lead architect/최고기술책임자chief technology officer: 수석 설계자는 전체 기술 생태계의 조화와 올바른 발전 방향을 이해하고, 기존 시스템과 제휴사의 상호 연결성을 주시한다. 종종 최고디지털책임자나 최고정보책임자에게 직접 보고한다.

수석 디자이너design lead: 최고의 수석 디자이너는 제품 조직과의 협업하며 조직의 비전을 실현한다. 고객의 욕구는 무엇이고, 가치는 어디에서 찾고, 고객의 욕구를 어떻게 일관된 디자인 비전으로 담아낼 수 있을지 능숙하게 알아낸다.

애자일 코치: 애자일 코치의 도움으로 애자일 스쿼드로부터 얻어낼 수 있는 모든 성과를 취할 수 있다. 애자일 코치는 언제나 현장에서 문제를 해결하고 진행 속도를 높이고 팀의 역동성을 향상시키는 데 도움을 줄 뿐만 아니라, 애자일 원칙에 생명을 불어넣는다.

수석 챕터chapter lead: 수석 챕터는 분야별 기능 조직의 리더functional leader로 관리 책임을 맡곤 한다. 이러한 리더들은 모바일 앱 개발자나 API 개발자, 스크럼 마스터 등을 아우르며 인재풀에서 유기적으로 부상할 수 있다. 하지만 위대한 코더가 아닌, 위대한 리더를 추구해야 한다는 점을 명심해야 한다.

가하는 것이다. 한편 입사 지원자들에게 게임이나 코드로 된 메시지를 찾는 작업을 시키거나, 해커톤hackathon(해커와 마라톤의 합성어로, 하루나 이틀 같은 장소에서 집중적으로 아이디어를 내고 결과물을 만들어내는 경연 – 옮긴이)을 개최하는 등 혁신적인 채용 전략을 사용하는 기업은 그러지 않은 기업보다 인재를 성공적으로 확보하는 비율이 두 배나 높은 것으로 나타났다.[54] 볼티모어에 본사를 둔 소프트웨어 개발·인공지능 기업인 케이털라이트Catalyte는 한 걸음 더 나아가, 입사 지원자들이 개발자로 성공할 가능성을 비교적 잘 예측하는 방법론과 알고리즘을 만들어냈다. 이 방법론은 평가 과정에서 편견을 버리고 다양성을 높이는 데 도움을 줬다.[55]

우리가 생각해야 할 것들

- 사업 초기에 소수의 스타급 디지털 인재를 고용하면 디지털 전환에 즉각적이고 파괴적인 영향을 미칠 수 있다.
- 유명한 스타급 디지털 인재에게는 웃돈을 두둑하게 지급해야 하지만, 이는 더 많은 인재를 불러오는 데 도움이 된다.
- 앞으로 벌어질 기술 격차를 예상하고 미리 그 격차를 좁혀나갈 계획을 세워두지 않는다면, 전환 프로그램이 중단될 위기에 처할 수 있다.
- 디지털 인재 작전실을 구축하면 채용 프로세스를 새롭게 정비하고 채용 결정을 내리는 데 소요되는 기간을 몇 달에서 며칠로 단축할 수 있다.

9

직원들이 업무를 수행할 역량을 갖추고 있는가?

직원들에게 필요한 특정 기술에 초점을 맞춘 지속적인 학습은 리스킬링reskilling(직무 수행에 필요한 새로운 기술을 익히는 것-옮긴이) 프로그램의 핵심으로 자리 잡아야 하며, 리스킬링은 최상급 인재를 외부에서 영입하는 방안을 보완하는 또 다른 인사 전략이 돼야 한다.

인력 충원은 보통 적임자를 뽑는 문제로만 한정되곤 한다. 물론 적임자를 찾는 것도 중요한 일이다. 하지만 새로운 직원을 아무리 성공적으로 채용하더라도 적임자를 충분히 많이 채용하지 못하는 것이 현실이다. 새로운 기술에 대한 수요가 공급을 초과하기 때문이다.

MGI는 2011년 연구에서 2020년까지 프랑스의 IT 및 전자 분야에서는 8만 명의 인력이 부족해지고, 미국에서는 머지않아 약 25만 명의 데이터 분석가가 부족해질 것으로 예상했다.[56]

또한 MGI는 약 80%의 경영진이 앞으로 5년 동안 닥쳐올 기술 격차를 좁힐 주된 방법으로 리스킬링에 주목했다며, 앞으로는 리스킬링이 채용만큼이나 중요한 역할을 할 것으로 내다봤다.[57]

많은 경영진이 인력 문제를 인식하고는 있지만, 우리가 조사한 바로는 정작 기업의 훈련 프로그램은 기대에 못 미치는 것으로 나타났다. 시대에 뒤처진 방식과 자료, 프로그램은 이례적이라기보다 보편적이었다. 그리고 많은 기업이 서둘러 이러닝 프로그램이나 학습 앱을 개발하지만, 대개 쓸모가 없고 실무와 동떨어져 있거나 단순하고 지루해서 실패작으로 남는 경우가 허다하다.

적응형 학습 조직은 리스킬링을 남다른 방식으로 이용한다. 오늘날 최고의 교육 프로그램에서 나타나는 특징은 다음과 같다.

- **계속 학습:** 교육 행사는 여전히 많은 시간이 소요되며 보통 직장생활 중 특정 시기에 주기적으로 이뤄진다. 짧게, 더 자주 학습할 필요가 있다.
- **평생 학습:** 배움의 여정은 끝이 없다. 기술과 직업의 세계가 급속도로 변하고 있으므로 직원들은 경력을 쌓으며 평생에 걸쳐 학습을 이어가야 한다.
- **혼합 학습:** 사람들은 다양한 방법으로 배운다. 하이브리드 접근 방식은 학습을 강화하는 전통적인 형식과 디지털 형식을 아우른다.

이러한 원칙을 실현하는 데 있어 가장 중요한 성공 요인을 몇 가지 살펴보자.

기술 격차를 좁히는 방법[58]

기술 격차 해소를 10대 우선 과제로 선정한 대기업(매출 1억 달러 이상)의 해결방안은 다음과 같다.

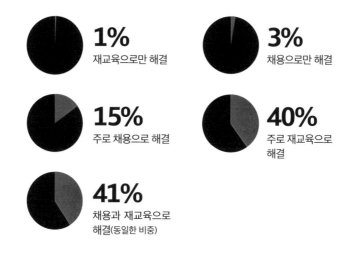

1%
재교육으로만 해결

3%
채용으로만 해결

15%
주로 채용으로 해결

40%
주로 재교육으로 해결

41%
채용과 재교육으로 해결(동일한 비중)

이용 편의성

많은 기업이 (종종 시대에 뒤처진) 교육자료로 가득한 대규모 라이브러리를 운영한다. 교육 자료는 직원들이 직접 검색해 연구에 활용하도록 구성되거나, 무미건조한 수업 시간에 직원들에게 별도로 제공되기도 한다. 반면 고급 교육 프로그램은 자료 접근성을 높이는 동시에 자료를 통해 짧은 기간에 기술을 습득할 기회를 더 많이 제공한다. 2018년 링크드인LinkedIn이 실시한 설문조사에 따르면, 이처럼 직원들이 학습할 시간을 낼 수 있도록 이끄는 교육 프로그램은 인재 개발에서 가장 중요한 문제를 해결하는 데 도움이 된다.[59]

디지털 기술이 제품의 언번들링unbundling(하나의 제품을 여러 가지로 쪼개는 행위 – 옮긴이)을 초래한 방식(예를 들어, 예전에는 소비자가 전곡이 실린 음반을 사야 했지만, 이제는 원하는 곡만 골라서 들을 수 있다)과 마찬가지로, 교육 프로그램은 업무별로 나뉘어 단시간에 쉽게 이용할 수 있는 모듈로 세분화되고 있다. 덕분에 직원들은 사무실에서 또는 업무 현장에서 손쉽게 교육 자료에 접근할 수 있다. 이러한 모듈형 학습 게임, e-코칭, 가상 교실, 온라인 성능 지원, 온라인 시뮬레이션에 대한 수요가 모두 늘어나고 있다. 간단한 교육용 영상도 효과적일 수 있다. 일부 기업에서는 특정 기술을 습득한 직원들에게 '마이크로 자격증micro-credentials'과 배지를 수여한다.

AT&T는 특정 기술 과정을 수료한 직원들에게 '나노 학위Nanodegrees'를 수여하는데, 여러 나노 학위를 받은 직원은 새로운 직무로 전환할 기회를 얻을 수 있다.[60] 예를 들어, 소프트웨어 엔지니어가 되고 싶은 프로그래머 직원은 보통 스물다섯 개 과정을 이수해야 하고, IP 네트워킹 기술을 개발하려면 여덟 개 과정을 이수해야 한다.[61]

디지털 채널은 접근이 용이하고 직장에 입사한 젊은 직원들이 편안하게 이용할 수 있어 콘텐츠 활용성을 높이는 핵심 역할을 한다. 한 예로 맥킨지 연구에 따르면, 영업사원들은 모바일 애플리케이션을 통해 효과적으로 새로운 기술을 익힐 가능성이 50%나 높다. 이러한 이유

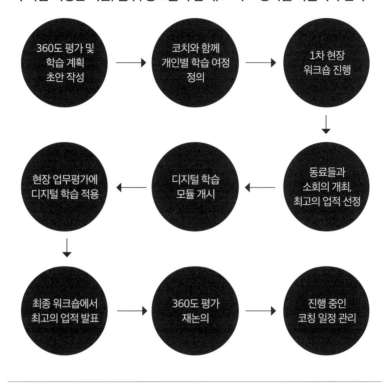

각 학습 여정은 이론, 실무, 동료들의 참여, 그리고 평가를 아울러야 한다

- 360도 평가 및 학습 계획 초안 작성
- 코치와 함께 개인별 학습 여정 정의
- 1차 현장 워크숍 진행
- 동료들과 소회의 개최, 최고의 업적 선정
- 디지털 학습 모듈 개시
- 현장 업무평가에 디지털 학습 적용
- 최종 워크숍에서 최고의 업적 발표
- 360도 평가 재논의
- 진행 중인 코칭 일정 관리

로 실적이 우수한 영업 조직들은 모바일 애플리케이션 모듈에 투자한다.[62] 또 다른 사례로 가상 모형 공장에 디지털 3D 학습환경을 조성한 한 아시아의 다국적 오리지널 디자인 제조업체를 들 수 있다. 직원들은 이러한 시스템을 통해 회사의 여러 공장에 배치된 복잡한 장비를 직접 보고 느낄 수 있다.[63]

물론 콘텐츠는 찾기 쉬워야 한다. 기업들은 구글 검색처럼 콘텐츠를 간편하게 찾을 수 있도록 만들기 위해 상세한 메타 태그meta tag와 사용자경험ux에 투자를 아끼지 않아야 한다.

개인별 적합성

직원 개개인의 학습 요구에 맞춘 교육 과정일수록 더욱 효과를 발휘한다. 예를 들어, 상위 영업 조직은 영업 직무별로 교육 과정을 조정할 확률이 다른 조직보다 두 배나 높다.[64] 개인별 맞춤 교육의 중요성을 인식한 AT&T는 직원들이 각자 목표를 달성하는 데 적합한 교육 과정을 선택해 학습 여정을 직접 계획하고 관리할 수 있도록 지원하는 '개인별 학습경험Personal Learning Experience' 도구를 내놓기도 했다.[65]

맞춤식 접근법은 리더에게도 적용된다. P&G는 중간관리자의 디지털 IQ를 향상시키기 위해 교육 프로그램을 내놨지만, 얼마 지나지 않아 디지털 IQ 교육이 정말 필요한 사람은 바로 고위 경영진이라는 사실을 깨달았다. 그렇지만 공개강좌 형태는 효과적이지 않았다. 고위 경영진에게는 적절한 디지털 주제를 좀 더 깊이 파고들 기회를 제공할 필요가 있었다. 이를 위해 P&G는 한때 고위 경영진의 부하직원이었던 사내 디지털 전문가들을 모아 일대일 교육 세션을 구성했다.

P&G에서 수석 부사장을 지낸 F. D. 와일더F. D. Wilder는 교육 세

선에 대해 다음과 같이 설명한다. "리더가 멘토이자 인턴이 되는 '멘턴십menternship' 프로그램은 학습이 양방향으로 이뤄진다는 큰 장점이 있다. 디지털 전문가들은 자신들의 '노하우'를 제공하고, 고위 경영진은 후배 직원들에게 적임자들과 교류하며 일을 완수하는 '노하우'를 알려줄 수 있으므로 모두에게 이득이 되는 셈이다."

맞춤식 학습경험은 학습하는 대상뿐 아니라 시기도 중요하다. 인사고과 기간이 끝난 직후나 고객과의 협상 등 특별한 행사를 앞두고 있을 때 직원들은 학습에 좀 더 관심을 두는 경향이 있다. 따라서 필요한 시기에 적절한 학습 모듈이 임직원에게 제공돼야 한다.

필요한 역량에
집중하기

직원의 학습 여정이 진화하듯 기업의 학습 여정도 진화한다. 기업들이 변화에 발맞춰나가려면 고도로 계획된 학습 프로그램으로 현재와 미래의 성공에 필요한 역량의 유형을 파악하고, 그러한 역량을 제공하는 데 필요한 기술도 확보해야 한다. 한 기술 기업은 더 나은 영업인력의 필요성을 깨닫고는 분석 기법을 사용해 가장 성과가 좋은 영업사원들이 지닌 기술이 무엇인지 파악했다. 분석 결과, 그들은 고객의 니즈를 이해하고 가치제안을 수량화하는 능력이 탁월한 것으로 나타났다. 이 기업은 성과가 좋지 못한

규모에 맞는 기술을 구축하라

"우리는 한때 빠른 속도로 역량을 강화하기 위해 외부에서 디지털 인재를 영입하기 시작했다. 그로부터 얼마 지나지 않아 IT 대기업들이 상업적 전문성을 지닌 우리 회사 인재(약 800명)를 대거 영입하고 있다는 사실을 깨달았다. 외부 인재를 선별적으로 채용하는 전략은 여전히 유용하다. 그렇지만 우리는 이미 훌륭한 인재들을 확보하고 있었기에 그들의 디지털 IQ를 높일 교육과 개발에 좀 더 적극적으로 투자해야 했다.

F. D. 와일더

P&G 글로벌시장 전략·혁신 부문 전 수석 부사장

우선 조직 전반에 걸쳐 역량을 개발하기 위해 디지털 지니어스 아카데미**DGA, Digital Genius Academy**를 설립했다. 모든 사업부가 이미 디지털 교육을 실시하고 있었지만, 질적으로 편차가 컸다. 우리는 회사 전반에 걸쳐 여러 교육 프로그램이 지닌 가장 좋은 요소를 취합하기 시작했다. 그리고 그동안 효과적인 검색 방식과 질 좋은 콘텐츠, 양호한 웹 사이트 상태와 우수한 온라인 펀더멘털 등 비즈니스에 큰 영향을 끼치는 몇 가지 중요한 지표에 대해 꾸준히 학습한 내용을 바탕으로 DGA의 자체 교육 콘텐츠를 제작했다.

학습 속도를 높이기 위해 우리가 두 번째로 내놓은 프로그램은 '시선은 소비자에게, 손은 키보드에**eyes on consumer, hands on keyboard**'라는 이니셔티브였다. 이 프로그램을 통해 외부 코치와 디지털 실무자를 접할 기회도 제공했다. 당시 우리가 해결해야 할 문제는 P&G처럼 전통적인 대기업에 스타트업의 성장 마인드셋을 심어 넣을 방안을 찾는 것이었다.

이 프로그램은 디지털 기술로 자체적인 소비자 직접 판매 웹 사이트를 디자인하고, P&G 전용 데이터 관리 플랫폼에서 스마트 고객층을 직접 구축하고, 자체 제작한 독창적인 게시물을 올리고, 분석 기능을 통해 판매 성과를 극대화하여 고객의 마음을 사로잡을 방법을 직원들에게 보여주며 마인드셋 문제를 해결했다. 우리는 직원들에게 새로운 사용자를 확보한 후 구매로 전환하고 평생 고객으로 유지하는 데 필요한 기술을 가르쳤다. 요컨대 우리는 전통적인 브랜드 관리에서 벗어나 자율 권한이 있는 '브랜드 기업가'를 양성하는 방향으로 나아가고 있었다.

최근에는 가속 학습 프로그램**ALP, Accelerated Learning Program**을 도입했다. ALP는 경영 MBA와 몰입형 학습경험으로 볼 수 있다. 우리는 브랜드 사용자를 확대하고 부문별 성장을 촉진하기 위해 연 2회에 걸쳐 전 세계 지사에서 성장 잠재력이 높은 관리자들을 중국으로 불러 오프라인과 온라인 상거래(새로운 소매 형태)의 디지털 통합과 데이터 플랫폼의 활용 방법을 교육한다. 전 세계에서 중국만큼 소비자의 기대치가 빠르게 변화하는 곳도 없다. 중국에서 온라인 판매는 전체 사업의 3분의 1을 차지하는 데다, 중국은 P&G의 최대 전자상거래 시장이다. ALP

는 P&G 리더들이 중국의 사례를 접하며 학습한 내용을 실무에 적용하여 성장을 가속화하는 데 도움을 주려는 취지로 진행됐다.

자기 주도형 학습을 유도하기 위해 시도한 프로그램들이 성과를 거두고 있다. 현재 P&G는 포장 소비재 산업에서 가장 높은 전사적 디지털 IQ를 보유한 기업이다."

사원들이 이러한 역량을 개발할 수 있도록 특별한 이러닝 모듈을 만들어 개별 평가와 코칭을 지원했다. 이 새로운 접근 방식을 도입한 후 직원들의 분기별 매출은 5% 증가했다.[66]

또 다른 기술 기업은 새로운 제품 전략을 개발하면서 새롭게 요구되는 하드 기술(머신러닝, 사물인터넷, 클라우드 컴퓨팅 등)과 소프트 기술(애자일 행동, 코칭, 피드백 등)을 파악했다. 이 기업은 향후 인재 수요의 절반을 기존 직원들의 재교육으로, 나머지 절반을 새로운 직원 채용으로 해결하기로 결정했다. 그 후 4개월 만에 열 가지의 새로운 커리어 패스 달성을 위한 사내 교육 프로그램이 구축됐고, 그로부터 10개월 후 1,000여 명의 직원이 재교육을 받았으며 앞으로 2년 동안 4,000여 명이 교육을 받을 예정이다.[67]

선별적
자금 지원

한 대형 통신회사는 디지털 전환에

수천만 달러를 투자하기로 결정했지만, 교육비에는 겨우 10만 달러만 배정했다. 이 계획은 디지털 전환을 위한 야심 찬 전략이었지만, 정작 최종 목표를 실현할 기술을 갖춘 직원이 부족한 상황을 초래했다(이 회사는 재빨리 잘못을 알아차리고 교육 예산을 대폭 늘렸다).

산업마다 교육 요건이 다르기 때문에 정확한 교육 예산 규모를 논하기는 쉽지 않다. 제약이나 금융 업계에서는 직원들이 준수해야 하는 관련 법규를 가르치는 데 상당한 비용을 써야 한다. 지식이 빠르게 발달하는 산업에서도 교육비 지출 비중이 높다. 디지털 산업에서 일부 직무는 특히 많은 교육이 요구된다. 이를테면 애자일 팀의 제품 소유자를 교육하려면 약 5,000달러에서 1만 달러의 비용이 든다. 어떤 직무가 결정적으로 가치를 창출하는지에 초점을 맞추고, 필요한 관련 기술을 쌓는 데 충분한 예산을 배정하는 것이 무엇보다 중요하다.

조직에 파고드는 피드백과 코칭

성인은 아이들과 달리 주로 실천하면서 배운다. 따라서 현장에서의 온라인이나 강의실 학습을 강화해야 하며, 전문지식을 갖춘 코치의 도움을 받아 직원들이 빠르게 자신감을 얻을 수 있도록 지원해야 한다. 이처럼 실천을 통한 학습을 제공하는 효과적인 방법 중 하나는 '학습 실험실'을 마련하는 것이다. 강의

실이 포함된 이 실험실은 사무실이나 모형 공장 옆에 자리한다. 직원들은 강의실에서 곧장 업무 공간으로 자리를 옮겨 애자일 업무방식이나 생산 공정의 디지털화 등 방금 학습한 내용을 실무에 적용해볼 수 있다.

최고의 영업 조직은 '현장과 포럼' 학습을 통해 이러한 아이디어를 받아들인다. 교육 세션이 끝나고 영업 담당자들은 상급 관리자와 함께 고객의 전화를 받는다. 예를 들어, 상급 관리자는 관계 구축, 상담 판매, 고객 확보 계획 같은 주요 업무에 대해 피드백을 제공한다. 피드백은 '계속 학습'을 이루는 중요한 축으로 떠올랐다. 어떤 기업은 관리자가 진행 상황 보고서를 기다리기보다는 매일 또는 문제가 발생할 때마다 직원들에게 피드백을 제공해야 한다고 말한다. 애자일 팀에서는 매일 진행되는 '허들huddles'이 피드백을 주고받는 기회로 활용된다. 허들은 15분을 넘지 않는 짧은 회의를 말하는데, 본래 업무 진행에 방해가 되는 장애물을 파악하고 극복하기 위해 고안된 방법이다.

명시적인 피드백을 끌어내기 위해 특별한 도구를 사용하는 기업도 있다. 아마존 직원들은 매일 컴퓨터나 업무 단말기에 로그인할 때 화면에 뜨는 질문에 답해야 한다. 아마존 인사부 수석 부사장 베스 갈레티는 피드백에 대해 이렇게 말한다.

"직원들의 답변은 종합적인 피드백이 되어 관리자들에게 제공된다. 피드백은 개선해야 할 영역을 강조하고, 관리자가 즉시 이용할 수 있는 적절한 학습 자산(온라인 교육 등)을 알려준다. 업무 환경부터 관리

역량 개발이 얼마나 효과적인가?

올바른 도구를 사용하면 직원들의 역량 개발 과정을 추적할 수 있다.

팀 바로미터

2주마다 진행되는 약 5분 길이의 간단한 설문조사로, 교육이나 코칭과 관련된 문제를 신속하게 지적하고 모범사례를 기록하는 데 도움이 된다.

트레이닝 트래커training tracker

교육 세션에 참가한 발표자와 참석자에 관한 기록으로, 핵심 원칙이 제대로 교육되고 있는지 확인할 수 있다.

스킬 매트릭스skill matrices

하드 기술과 소프트 기술의 개발을 추적하기 위해 만들어진 평가 기준이다.

자격 인증

직원들의 역량 개발을 공식적으로 평가한다.

자의 영향력, 팀의 역동성, 그리고 무엇보다도 고객을 위해 발전하려는 노력을 가로막는 장애물에 이르기까지 질문의 주제는 매우 다양하다."

이러한 피드백 접근 방식은 기술 기업에서 점차 보편화되고 있다. 코드와 페어 프로그래밍pair programming(두 명의 개발자가 코드를 함께 작성해나가는 개발 방식)은 체계적인 동료 검토peer review(작업물의 결함과 개선 사항을 식별하기 위해 개발자의 동료들이 검토하는 과정 - 옮긴이)를 거치게 되는데, 이는 위험을 최소화하는 데 도움이 되며, 엔지니어들에게 서로 배울 기회를 제공한다.

- 배움은 평생에 걸쳐 이뤄지는 긴 여정이다.
- 계속 학습은 모든 직원이 개발해야 하는 기술이다.
- 성인들은 강의실 학습에 경험을 통한 학습과 현장 코칭이 더해질 때 가장 효과적으로 학습한다.
- 교육을 개개인에 맞추고 규모를 확대하려면 혁신적인 전달 메커니즘을 도입해야 한다. 예를 들어, 직원들이 각자의 책상에서 또는 외부에서 업무를 처리하다가도 특정 업무와 관련된 교육 모듈을 쉽게 확인하고 적용할 수 있도록 지원하는 것도 도움이 된다.
- 기술은 비즈니스와 함께 진화해야 한다. 따라서 어떤 기술이 필요할지 미리 파악하고 예측하여 관련 기술을 익힐 수 있는 학습 프로그램을 개발하는 것이 중요하다.

10

디지털 인재가 조직을
경력의 무덤으로 여기지는 않는가?

_____ 돈도 중요하지만, 최고의 디지털 인재를 영입하고 유지하기 위해서는 그 이상의 노력이 필요하다.

"네 탓이 아니야. 내 탓이야." 이별할 때 나오는 이 진부한 대사에 정곡을 찔린 듯한 기분이 드는 리더들이 있을 것이다. 원하는 인재를 영입하기가 어려운 까닭을 이보다 더 깔끔하게 요약한 말도 없다. 당신의 기업은 채용하고 싶은 인공지능 전문가, 데이터 분석가, UX 디자이너 등을 정확히 짚어내는 훌륭한 인사 프로세스를 이미 갖추고 있고, 엄청난 연봉을 지급할 준비를 끝마쳤는지도 모른다(보상에 대한 자세한 내용은 '8장. 훌륭한 디지털 인재를 채용했는가?' 참조). 그럼에도 여전히 '전통적인' 기업으로서의 브랜드나 명성이 남아 있어 최상급 인재에게는 그다지 매력적인 기업으로 보이지 않을 수 있다. 당신이 원하는 인재가 정작 당신 기업을 원하지 않는다면 어떻게 해야 할까?

물론 돈은 중요한 요소이다. 최상급 인재는 그만큼 최고 연봉을 요구한다. 그렇지만 다른 조건을 더욱 중요하게 여길 때도 많다. 예컨대 최상급 엔지니어들은 다양한 기술을 경험하고 전문성을 개발할 기회를 제공하는 조직인지를 중요한 선택의 기준으로 삼는다고 한다.[68] 콘 페리의 연구에 따르면, 입사 지원자들은 특정 회사를 선택하는 가장 중요한 이유로 기업 문화를 꼽는 것으로 나타났다. 라이즈스마트RiseSmart가 진행한 연구에서는 직원의 84%가 급여가 크게 오르지 않더라도 훌륭한 명성을 쌓아온 기업으로의 이직을 고려하겠다고 답했다.[69]

기업은 채용하고 싶은 인재들이 어떤 요소를 중요하게 여기는지 깊이 고민하고, 그들을 끌어오고 붙잡아둘 직원가치제안을 정의할 필요가 있다. 기업의 직원가치제안은 가장 중요한 직무의 인재를 확보하는 데 도움이 돼야 한다. 가령 데이터 분석가를 채용하는 것이 주요 목표라면, 잠재 직원들에게 혁신과 발전의 기회를 보장하고, 빠르고 명확한 커리어 패스를 제공하며, 커다란 영향력을 발휘하도록 지원하는 직원가치제안을 제시할 수 있어야 한다.[70] 엔지니어들은 높은 연봉과 오픈소스 기술에 기여할 수 있는 역량을 제공하는 커리어 패스를 중요한 선택의 기준으로 삼을 수 있다.

훌륭한 직원가치제안을 구축하더라도 어느 정도의 직원 이탈은 감수해야 할 것이다. 디지털 노동자들의 평균 재직 기간은 3년밖에 되지 않는다. 특히 성과가 뛰어난 직원들은 더 높은 연봉을 주는 회사로 옮기기 쉽기 때문에 이들의 재직 기간은 훨씬 짧아진다. 하지만 강력한 직원가치제안마저 없는 기업이 필요한 인재를 얻어낼 가능성은 매우 낮다.

좋은 직원가치제안을 이루는 가장 중요한 요소들은 다음과 같다.

의미 있고 유연한 커리어 패스

승진과 동시에 반드시 해당 업무의 인력을 관리하는 업무를 떠맡아야 한다면, 데이터 과학자, 인공지능 개발자, 디자이너처럼 연구에 매진해야 하는 많은 실무자가 일을 그만두려 할 것이다. 최고의 기업은 이러한 종류의 '비전통적인' 인재들을 대상으로 독특한 커리어 패스를 설계한다. 이러한 인재들이 승진할 때 업무 독립성을 늘리고 관리 책임을 줄이는 것도 한 가지 방법이 될 수 있다. 예를 들어, 독립적인 연구를 허용하거나, 호기심을 깊이 자극하는 프로젝트에 그들을 투입하는 것이다.

최고의 기업은 직원들이 비전통적인 커리어 패스를 따라 성장할 수 있도록 유연성을 제공한다. 예를 들어, 승진한 인재에게 규모가 더 큰 팀을 맡기기보다는 더 중요한 프로젝트를 맡긴다. 분석 인재를 비즈니스 직무와 기술 직무에 두루 배치하는 순환 프로그램을 도입한 기업도 있다. 기업은 직원들이 원하는 직무를 쉽게 찾고 지원할 수 있는 시스템을 구축함으로써 직원들의 유연한 커리어 패스 설정을 돕기 위해 기업이 노력을 기울이고 있다는 신호를 줄 수 있다.

핵심인재를 조직에 통합하는 것도 중요하다. 만일 새로 채용한 최상급 데이터 분석가에게 그저 뒷방에서 '지시에 따라' 코드 프로그래밍 업무만 하도록 놔둔다면 어떻게 될까? 이러한 조직은 최상급 인재를 오랫동안 붙잡아놓지 못할 것이다. 최고의 인재에게는 주요 의사결정권자들과 함께 팀을 이뤄 일할 기회를 제공하고, 기업이 그들의 기여도와 가치를 인정하고 있다는 인식을 분명하게 심어주는 것이 중요하다.

인재들의 실력을 인정하는 방법으로는 소프트웨어 개발 모델을 고려해볼 만하다. 오픈소스로 시스템을 프로그래밍한 기업들은 최상급 프로그래머들을 영입하고 유지하기가 훨씬 수월해졌다고 말한다. 오픈소스 작업은 기업의 신뢰도를 높일 뿐만 아니라, 엔지니어 직원들이 직접 개발한 작업물을 업계에 선보일 수 있어 자신들의 명성을 쌓는 데도 도움이 되기 때문이다.

최첨단 교육과 개발 기회

최고의 직원들은 끊임없이 배우려 하고, 때로는 현재의 직무와 관련성이 떨어지는 새로운 기술을 습득하기도 한다. 기업은 이러한 직원들의 목표를 이해하고 그 목표를 달성할 수 있도록 지원하며 대내외적으로 다양한 학습 기회를 제공하는 데 힘써야 한다. 그리고 인력을 충원할 땐 먼저 기존 직원들에게 일할 기회를 제공하겠다는 의지를 보여주는 것도 좋다.

지난 수년 동안 P&G는 향후 자기 사업을 하는 데 도움이 될 만한 중요한 비즈니스 기술을 직원들에게 전수하며 명성을 쌓았다. 아마존은 풍부한 업무 경험을 제공하기 위해 직무 확대와 전환, 또는 근무 위치 전환 신청 등을 수월하게 처리할 수 있도록 프로세스를 간소화했다. 상급 관리자와 하급 직원이 팀을 이루는 강력한 멘토링 프로그램은 (양측에) 매우 효과적일 수 있다. (자세한 내용은 '15장. 모든 직원이 학습한 정보에 쉽게 접근할 수 있는가?' 참조)

매력적인
업무 공간

칸막이에 가로막혀 직원 간 협업과 이동이 제한되는 비좁은 사무실로는 최고의 인재들을 끌어올 수 없다. 창의적이고 실용적인 업무 환경은 직원가치제안의 핵심이다. (2000년대 초, 미국 NBA 프로 농구 구단인 골든 스테이트 워리어스Golden State Warriors 의 클럽 하우스는 너무 비좁고 분위기까지 엄숙해서 구단을 방문한 선수들은 입단할 생각조차 하지 않았다고 한다.) 일하기에 좋은 공간을 만들 방법을 몇 가지 살펴보자.

- **혼자서 디자인하지 마라.** 독창적인 결과물을 내고 싶다면 외부 디자이너들을 영입하고, 업무 팀을 디자인 과정에 참여시켜 주인 의식을 심어준다.

- **계속 움직이게 하라.** 공간 배치를 계속 바꿀 수 있도록 가능한 한 고정된 벽과 책상, 캐비닛은 쓰지 않는다.

- **틀을 깨라.** 이전과 같은 색상을 고수해서는 안 된다. 벽에 포스터 나 그림을 거는 것을 허용하고, 빛이 잘 들어오도록 한다.

- **일할 수 있게 하라.** 업무 공간은 책상, 의자, 회의실이 전부가 아 니다. 화이트보드나 유리 벽면, 조용하고 아늑한 구석 공간, 직원 들이 모여 아이디어를 공유할 수 있는 공간을 제공한다.

- **사소한 것에 신경 써라.** 좋은 커피, 탄산음료, 간식, 잘 나오는 펜, 직원들이 사용할 노트북 컴퓨터에 돈을 아끼지 않는다.

좋은
지리적 위치

　　　　　　　　　직원가치제안에서 흔히 간과하기 쉬
운 요소가 바로 지리적 위치다. 기업이 현재 자리한 곳은 아이들을 기
르기에 좋은 지역이거나, 과거에 공장 공급을 맡았던 해운회사에서
가까운 지역일지도 모른다. 그렇지만 대학과 인재, 기업가와 디지털
최우선 기업 등으로 이뤄진 생태계가 있는 디지털 허브에서 너무 멀
리 떨어져 있다면 적절한 인재를 유치하는 데 어려움을 겪을 수 있다.
그래서 IT기업은 특정 지역에 모여 있기도 하다. 예를 들어, 아마존은
특정 유형의 인재를 확보하기에 최적인 지역에 사무실을 세우는 것으
로 유명하다. 세간의 이목을 끄는 주요 거점으로 사무실을 이전하면
기업이 21세기형 인재 확보에 주력하고 있다는 강력한 신호를 시장
에 내보낼 수 있다.

반면 디지털 허브로 이전하면 치열한 인재 확보 경쟁을 벌이고, 많
은 임금을 지불하고, 높은 이직률을 받아들여야 한다. 무엇이 더 나은
방법인지에 대해서는 정답이 없고, 기업마다 득실이 다를 것이다. 그
래서 IT기업은 특정 지역에 모여 있는 경우가 많다.

진실된 가치제안의 중요성

닐 그리피스
Neil Griffiths

콘 페리 글로벌 브랜드 · 마케팅 · 커뮤니케이션 부문 부사장

"포부와 현실을 적절히 조합하는 대신 미래의 이상적인 상태(또는 거짓된 상태)를 바탕으로 직원가치제안을 만들어내고 거짓된 이미지로 포장하는 기업이 너무도 많다. 과장은 금세 들통날 수밖에 없다. 결국에는 직원들이 재빨리 기업을 떠나갈 것이고, 좋지 못한 기업 평판은 향후 채용에 악영향을 미칠 수 있다.

기업의 현재와 이상을 모두 아우르는 최적의 지점을 찾으려면 심도 있는 연구와 분석이 필요하다. 직원 설문조사, 대내외 포커스그룹, 리더십 인터뷰, 경쟁 기업 분석, 소셜 리스닝social listening(소셜 미디어를 통해 고객의 의견을 수집하고 분석하는 조사 기법-옮긴이)을 진행하면 새로운 직원가치제안의 기본 토대를 이루는 풍부한 데이터를 수집하고, 더 나은 변화와 소통 방법, 소통 대상 등에 대한 통찰도 얻을 수 있다.

세계 2위 규모의 이동통신 회사 보다폰Vodafone은 이와 같은 노력으로 결실을 본 대표적인 사례이다. 보다폰은 남성 중심의 통신 산업에 더 많은 여성 IT 리더를 끌어오기 위해 직원가치제안을 개혁하기 시작했다. 먼저 비즈니스 전략을 실현하는 데 기여할 만한 적임자의 이력부터 파악했다. 직원들은 문화적 변화를 성공적으로 주도할 수 있는 진정한 성취자들에게 끌리기 마련이다. 보다폰은 전문 기술을 갖추었을 뿐 아니라 프로젝트를 주도적으로 지휘하고 팀을 운영할 수 있는 야심 찬 인물들을 찾아낸 다음, 기존 여성 리더들에게 보다폰의 어떤 측면이 흥미를 끄는지를 깊이 파고들었다. 리더들은 이러한 동기부여 요소에 대해 저마다 다른 견해를 가지고 있었지만, 몇 가지 공통된 주제를 언급했다. 그들 모두는 모든 지역에서 일관성 있게 이행되고 인력의 다양성을 보장하는 기업가치제안을 필수 통합요소로 인식하고 있었다. 여성 리더들은 기업의 브랜드와 국제적으로 일할 수 있는 능력에 주목했다. 그 외에도 기업의 IT 리더십과 여성 직원 지원 정책, 그리고 지속적인 혁신이 필요한 급변하는 환경과 보상 문제 등 잠재 직원들에게 그다지 좋은 반응을 얻지 못한 새로운 특성도 논제에 포함됐다.

새롭게 재정립된 직원가치제안은 다양한 채널을 통해 공개된 후 큰 반향을 일으켰다. 보다폰은 새로운 직원가치제안을 선보인 지 2년도 채 지나지 않아 5개국에서 새로운 여성 IT 고위 경영진을 영입하는 데 성공했고, 향후 인재 채용의 원천이 될 수도 있는 1,000여 명의 여성 리더들을 찾아냈다."

영감을 주는
사명

기업에는 직원들의 지지를 얻을 수 있는 사명mission이 있어야 한다. 실제로 일부 지원자와 신규 직원은 임금이 대폭 삭감되는 한이 있더라도 디지털 전환과 비전에 대해 일관되고 감동적인 이야기를 전하는 기업에 입사하고 싶어 한다.

아르헨티나 금융기관 나랑하의 미겔 페냐 부회장은 최상급 디지털 인재들과 전화 통화를 하는 것조차 쉽지 않은 상황을 경험하면서 사명의 중요성을 깨달았다. 나랑하는 인재들의 마음을 움직이기 위해 기업의 이야기를 진솔하게 전달하는 데 집중했고, 비로소 상황을 반전시킬 수 있었다. 페냐는 이 경험을 다음과 같이 설명한다.

"우리가 실제 일상생활에 유용한 디지털 제품을 사람들에게 제공해 사회에 도움이 되고 싶다는 사명을 밝히자, 마침내 최상급 디지털 인재들과 이야기를 나눌 수 있었다."

진정성

기업들은 오래된 브랜드를 되살리고 디지털 인재에게 매력적으로 다가가기 위해 지키지 못할 약속을 남발할 수 있다. 그렇지만 신입 직원들은 이러한 거짓 약속을 금세 눈치채고 회사를 떠나갈 것이다.

미국의 한 대형 공공기관은 흥미로운 업무와 실무를 통한 자기계발 기회와 유연한 커리어 패스를 약속했고, 이에 흥미를 느낀 많은 사람이 입사했다. 하지만 애초의 약속은 제대로 지켜지지 않았고, 많은 직원이 주저 없이 회사를 떠났다.

우리가 생각해야 할 것들

- 채용 브랜드recruiting brand(채용 관점에서 잠재 직원에게 전달하는 총체적인 기업 이미지로 기업의 장점, 비전, 문화 등이 포함된다 - 옮긴이)가 디지털 인재의 공감을 얻지 못한다면 기업은 인력 채용에 어려움을 겪게 될 것이다.
- 감동을 선사해야 한다. 최고의 인재는 성취감과 목적의식을 느낄 수 있는 일을 하고 싶어 한다.
- 채용할 때 내걸은 약속이 현실과 동떨어져 있다면, 머지않아 최고의 인재들을 잃고 말 것이다. 직원들의 업무평가가 명시된 가치와 직결되는지 확인하고 직원들에게 최첨단 교육 기회를 제공하도록 한다.
- 최상급 인재는 늘 성장을 꿈꾼다. 조직은 이러한 인재들에게 중요한 기술을 배우고 개발할 기회를 제공해야 한다.

11

신기술을 어떻게
활용할 것인가?

_____ 기술은 플랫폼을 분리하고 간편하게 수정하
고 교체할 수 있는 모듈형 마이크로서비스를 만들 수 있는 수준으로 진화했다.

어느 포뮬러 원**Formula One** 팀이 1990년대에 생산된 경주용 자동차에
운전자를 앉히기로 했다고 상상해보자. 오늘 그 팀이 승리할 거라고 예
상하는 사람은 거의 없을 것이다. 안타깝게도 현재 많은 기존 기업이
보유한 핵심 IT 시스템은 이 90년대 경주용 자동차와 같은 수준이다.

오래된 고객관계관리**CRM** 또는 전사적자원관리**ERP** 시스템일지라
도 처음 구축 당시에는 안정적이고 탄탄한 성능을 발휘했을 것이다.
하지만 시간이 흐르면서 새로운 기능이 계속해서 추가되고 시스템의
요구사항은 더욱 복잡해졌다. 한때 유용했던 플랫폼이 이제 15~20년
동안 축적된 데이터와 오래된 프로그래밍 언어로 작성된 수천 개의
맞춤 코드라인, 그리고 수많은 우회로**work-arounds**에 가로막힌 채 딱딱

하게 굳어버린 거대한 괴물이 되고 말았다. 이처럼 낡은 플랫폼은 현대식 솔루션과 통합하기도 어려운 데다 유지 보수가 번거롭고 비용도 많이 든다.

새로운 기술이 연이어 등장하면서 모범사례에 대한 오랜 철칙도 근본적으로 바뀌기 시작했다. 이제 복잡하게 조각난 시스템은 쓸모없는 구닥다리가 돼버렸다.

플랫폼 리뉴얼을 위한 섬세한 접근법

레거시 기술 스택**technology stack**(소프트웨어 구현에 사용되는 프로그래밍 언어와 프레임워크 등 도구 일체 – 옮긴이)에 새로운 솔루션을 구축할 수는 있지만, 레거시 기술을 유지하고 해결하는 작업에 비용과 인력이 많이 들어간다. 차라리 그 돈과 인력을 생산성을 높이거나 혁신을 추구하는 작업에 투입하는 것이 나을지도 모른다. 레거시 기술 스택보다는 현대식 기술 스택에 새로운 솔루션을 구축하는 것이 유리할 때가 많다.

이 때문에 기업들은 데브옵스**DevOps**(소프트웨어의 개발**development**과 운영**operations**의 합성어로, 개발자와 IT 전문가 간 소통과 협업을 강조하는 업무 환경과 문화, 프랙티스를 가리킨다 – 옮긴이)를 광범위하게 적용하고 명확한 아키텍처 프레임워크 안에서 애플리케이션을 배치할 수 있는 권한과 역량을 개발자들에게 제공함으로써 비즈니스 가치를 높이는 시스템의 단순화와 엔드 투 엔드 리뉴얼을 추진해야 한다. 이러한 접근 방식은 디지털 승자 기업들의 빠른 학습·적응 모델을 구동할 수 있는 IT 플랫폼으로 이어지고, 덕분에 하루에도 여러 건의 제품 출시와 잦은 신기술 업그레이드가 가능해진다.

엔드 투 엔드 리뉴얼이 이상적이긴 하지만, 현실은 그리 녹록치 않다. 한동안 새로운 시스템과 낡은 시스템이 공존하는 과도기가 이어질 것이다. 따라서 아직 많은 가치를 얻어낼 수 있는 레거시 시스템을 자세히 들여다보는 것도 중요하다. 실제로 핵심 거래 시스템을 체계적으로 정리하고 중복 기능을 제거하고 프로세스를 단순화하여 상당한 수준의 시스템 개선과 비용 절감을 달성한 사례를 종종 찾아볼 수 있다.

이와 같은 타깃형 정제 방식이 많은 가치를 창출할 수 있는 분야는 데이터 정제**data-cleansing** 이니셔티브로, 인공지능과 고급분석에서 가치를 추출하는 데 결정적인 역할을 한다. 그렇지만 맥킨지는 기업들이 기울이는 데이터 정제 노력의 최대 70%를 낭비로 추정한다.[71] 이러한 현상은 데이터 변환 프로그램이 '다기능**do-it-all**' 접근 방식을 주로 채택하는 데서 기인한다. IT와 비즈니스 부문 리더들이 서로 협업하여 가장 중요한 각 사용 사례에 제공해야 하는 데이터 유형을 파악해야 더 큰 효과를 발휘할 수 있다.

가치에 집중하는 자세는 주목할 만하다. 이는 모든 기술과 분석 프로그램의 기초가 돼야 한다. 그런데 어떤 기업들은 데이터 플랫폼을 개발할 때 데이터의 용도조차 정하지 않고 곧장 데이터 레이크data lakes(가공되지 않은 다양한 유형의 원시 데이터를 모아둔 대규모 저장소 - 옮긴이)를 생성하느라 (종종 수백만 달러에 이르는) 막대한 비용과 시간을 낭비하기도 한다.

이러한 함정에 빠지지 않으려면 영화 〈모두가 대통령의 사람들All the President's Men〉의 명대사 "돈을 따르라"를 기억하길 바란다. 막대한 양의 데이터에 파묻히다 보면 길을 잃기 쉽다. 우선 가치의 원천이 무엇인지 알아보자. 예를 들어, 농업회사는 수확 생산성이나 고객경험을 개선하는 데서 가치를 창출할 수 있다. 항공회사는 운영을 최적화하거나 고객 지갑 점유율customer share of wallet(고객이 제품 구입에 지불한 금액의 비율 - 옮긴이)을 높이는 데서 가치를 창출할 것이다. 최고의 기업은 가치의 원천에서 거슬러 올라가 사용 사례들과 각 사례에 필요한 데이터 소스를 파악한다. 그 후에 각 담당 팀에서 데이터를 '작업'할 수 있다(즉 지정된 사용 사례에 적절한 데이터를 제공하기 위해 데이터를 수집, 정리, 관리한다).

어떤 접근 방식을 사용하든 기술 리뉴얼은 접점에서 멈추거나 지정된 부분에서만 일어날 수 없다. 핵심 시스템을 전환하기 위해서는 기술 현대화의 확장을 목표로 삼아야 한다. 물론 과거에 IT 전환에 많은 비용과 시간을 허비한 경험이 있거나 레거시 시스템에 끼칠 위험이 두려워 또 다른 플랫폼을 개발하기를 꺼리는 경영진도 있을 테지만,

유연한 데이터 플랫폼의 개요

API는 서로 다른 데이터 원본과 플랫폼을 연결해 애플리케이션이 필요한 데이터에 접근할 수 있도록 해야 한다.

그동안 기술은 이렇게 발전해왔다.

이제 다른 애플리케이션이나 시스템에 영향을 주지 않고도 마이크로서비스(애플리케이션을 독립 구성요소로 세분화하여 구축하는 아키텍처 기반의 접근 방식 – 옮긴이)와 같은 작은 컴포넌트component를 쉽게 수정하고 교체할 수 있고, 이러한 컴포넌트로 이뤄진 독립self-contained 서비스를 비교적 빠르게 기술적으로 구축할 수 있는 시점에 이르렀다. 이러한 독립 컴포넌트에는 기성품off-the-shelf, 오픈소스, 그리고 개방형 API로 연결된 기타 제3자 솔루션 등이 포함될 수 있다.[72]

점진적인 방식 vs. 급진적인 방식

대부분의 기업에서는 점진적으로 핵심 기술을 리뉴얼하는 방법이 현실적이다. 북미의 한 대형 은행은 시스템 간 상호 의존성으로 인해 전환 속도가 더디고 비용도 많이 든다는 이유로 점진적인 리뉴얼 방식을 선택했다. 은행 경영진은 새로운 비즈니스 수요를 충족시키기 위해 제3자 소프트웨어를 포함, 새로운 애플리케이션을 신속하게 통합한 모듈 기반의 '서비스형 은행bank-as-a-service' 플랫폼을 구축하기로 했다.

이는 사실상 플랫폼을 마이크로서비스 집단으로 세분화하고 비핵심 기능을 클라우드에 있는 제3자 애플리케이션으로 이전하는 것과 마찬가지였다. IT 리더들은 아래 기준에 따라 현대화할 핵심 컴포넌트의 우선순위를 정했다.

• 비즈니스 가치 창출을 위해 컴포넌트를 현대화하면 애플리케이션이 얼마나 빠르고 안정적으로 개발될 것인가?

- 컴포넌트를 현대화하면 시스템의 고장과 중단, 기타 운영 문제를 얼마나 예방할 수 있는가?
- 컴포넌트를 교체하면 잠재 비용을 얼마나 절감할 수 있는가?

일단 모듈형 플랫폼이 다수의 애플리케이션을 공급하자, 복잡성이 줄어들었고 핵심 IT 시스템의 전환 비용도 30% 감소했다. 무엇보다 새로운 디지털 제품과 서비스의 출시 기간이 대폭 짧아졌다. 일반적으로 제품이 개발되어 실제 판매되기까지 12개월 이상의 기간이 소요되는데, 모듈형 플랫폼에서는 3~4개월(작은 변화일 때는 이보다 더 짧은 기간)이면 충분했다. 덕분에 은행은 고객의 니즈에 시의적절하게 대응하여 고객만족도 점수를 업계 평균에서 최고 수준으로 끌어올릴 수 있었다. 총매출의 10% 미만에 불과했던 디지털 서비스 매출도 네 배나 증가해 총매출의 40% 이상을 차지했다.

반면 이러한 점진적인 접근 방식이 불가능하거나 권장되지 않을 때에는 훨씬 급진적인 조치가 필요하다. 급진적인 '빅뱅' 접근 방식을 취하려면 풍부한 자금력과 빠르게 기술 역량을 쌓을 능력이 뒷받침돼야 한다. 한 대형 소매업체는 지체 없이 자사의 핵심 IT 시스템을 한 번에 재구축하려 했다. 시스템 가동이 자주 중단되면서 연간 10억 달러의 매출을 놓치고 있었기 때문이다.

대규모 IT 투자를 꺼리던 경영진은 잦은 문제를 일으킨 20여 개의 시스템부터 손보려고 했었다. 그러나 문제가 된 시스템을 다른 시스템(총 1,300여 개의 시스템)과 통합하는 작업이 너무도 복잡해서 일부분만 고쳐도 결국 다른 부분에서 광범위한 수정이 필요해진다는 사실을 깨달았다. 이 기업은 총체적인 시스템 재구축에 나서기로 했다.

시스템 재구축은 매우 경제적인 선택이었다. 투자 1년 차에는 새로운 핵심 시스템 구축만을 목표로 중앙 IT 부서 외부에 새로운 기술팀을 꾸렸는데, 레거시 핵심 시스템의 연간 운영비보다도 비용이 적게 들었다. 새로운 IT 핵심 시스템은 운영비가 훨씬 적게 들 뿐만 아니라 비즈니스 장애를 신속하게 복구하고 새로운 솔루션을 쉽게 통합할 수 있도록 지원했다.

기업이 점진적인 리뉴얼을 선택하든, 대규모의 적극적인 교체를 선택하든 간에, 성공을 좌우하는 중요한 요인은 IT 전반에 걸쳐 진정한 가치가 어디에서 나오는지를 전략적인 관점에서 바라볼 수 있는 능력과 그 가치를 추구하려는 의지다. 기술 도입을 위한 대대적인 변화는 그저 '번지르르한' 디지털 채널만이 아닌, IT 전반에 걸쳐 관리돼야 한다. 예를 들어, 자동화나 보안과 같은 역량에도 투자할 필요가 있다.

IT 운영의 경우, 클라우드 기술을 수용하는 방안과 레거시 애플리케이션을 새로운 공공 플랫폼 또는 사설 플랫폼으로 이전하는 방안 중에서 우선순위를 정해야 한다. 그리고 IT 개발자들은 추가 개발 없이 다수의 최종 사용자가 애플리케이션과 서비스를 이용할 수 있도록 만들 방향을 고민해야 한다.

- IT 시스템을 엔드 투 엔드로 리뉴얼하는 접근 방식은 점진적인 방식부터 급진적인 방식에 이르기까지 다양하다. 모듈 단위의 점진적인 개편 방식이 효과적일 수 있지만, 핵심 시스템의 현대화라는 최종 목표를 향해 계속 전환을 추진해나가는 것이 중요하다.
- 핵심 IT를 한 번에 재구축하기 위해서는 풍부한 자금력과 막강한 디지털 인력이 뒷받침돼야 한다.
- IT 핵심 시스템을 현대화하려면 새로운 기술을 개발하고 배포해야 한다.
- 오늘날 기업들은 다른 애플리케이션이나 시스템에 영향을 주지 않으면서도 플랫폼을 신속하게 구축할 수 있게 됐다. 기술 발전으로 이제 손쉽게 수정하거나 교체할 수 있는 작은 컴포넌트로 플랫폼이 구성되기 때문이다.
- 플랫폼 리뉴얼은 비즈니스 가치가 어디에서 나오는지 명확하게 이해한 후에 이뤄져야 한다.

12 《《《《《《《《《《《《《《《《《《《《《《《《《《《《《《《《《《

기업의 인력이 핵심 기술을
개발하고 있는가?

_____ 기술과 데이터는 모든 디지털 사업의 중심이
다. 이제 이러한 핵심 자산 관리를 더 이상 아웃소싱으로 넘겨서는 안 된다.

많은 기업이 비즈니스 기능을 아웃소싱하는 데 급급한 나머지 기술
업무의 상당 부분을 외부 업체에 할당해왔다. 일부 비IT 계열의 고위
경영진은 이처럼 아웃소싱을 맡기는 추세를 거스를 이유가 없다고 생
각한다.

실제 설문조사에서 경영진 열 명 중 네 명 이상은 제3의 IT 서비스
제공업체가 기업의 IT 기능을 대신하거나 완전히 대체할 수 있다고
여기는 것으로 나타났다.[73]

우리는 이러한 인식이 바뀌어야 한다고 생각한다. 대기업에는 빠른
속도로 학습하고 적응할 수 있는 유연성이 무엇보다도 필요한데, 외
부 기술업체가 이러한 기능을 제공하기는 갈수록 어려워지고 있기 때

문이다.

'자체 개발' 접근 방식은 성공한 디지털 기업에서 주로 나타나는 특징이다. 최근 맥킨지 설문조사에 따르면, 디지털 기업의 52%가 사내에서 인공지능 역량을 구축하는 반면 일반 기업은 38%만이 자체 개발에 착수했다.[74] 실적 상위 기업들 역시 인공지능을 구매, 인수, 대여해 자체 역량을 강화하는 데 적극적으로 나서고 있다. 평균적으로 실적 상위 기업들은 M&A 투자 금액의 30%를 디지털 역량 확보에 쏟아붓고 있지만, 다른 기업들은 이 비율이 24%에 그친다.[75]

인소싱 vs. 아웃소싱

기술이 매우 빠르게 바뀌면서 IT 공급업체들은 고객의 니즈에 맞는 최신 아이디어나 역량을 제공하기 위해 고군분투해야 하는 도전에 직면해 있다.

게다가 디지털 기업들이 애자일하게 움직이고 협력에 강하다는 점도 문제 중 하나로 꼽힌다. 그들은 짧은 테스트·학습 주기에 걸쳐 운영과 기술을 동시에 개선한다. 관리자와 개발자가 나란히 앉아 디지털 솔루션을 검토하고 업데이트하며 긴밀하게 협력한다. 반면 대부분의 기술 공급업체는 이러한 방식으로 일할 준비가 돼 있지 않다.

기업들은 핵심 기술을 어디서 조달할지 선택해야 한다. 몇 년 전만

해도 애플리케이션 지원에 필요한 통합 솔루션을 제공할 수 있는 기업은 극소수에 불과했다. 기업들은 전사적자원관리나 핵심 시스템 거래 플랫폼의 종류만 전략적으로 선택해 사용하면 됐다. 당시에는 신뢰할 만한 주요 공급업체도 그리 많지 않았다. 반면 모듈형 기술이 시장을 지배하고 있는 지금, 기업들은 어떤 소프트웨어 컴포넌트를 사용할지 고민하며 훨씬 더 많은 결정을 내려야 한다. 평가해야 할 잠재 공급업체도 수십여 곳에 달한다.

대기업 입장에서는 컴포넌트를 안정적으로 유지하고, 정밀한 사양에 따른 소프트웨어를 개발하는 등 실험이 필요 없고 반복적이며 명확하게 정의된 업무를 IT 공급업체에 아웃소싱하는 것이 여전히 실용적인 방안이 될 수 있다.

하지만 대부분의 기업은 디지털 솔루션을 개발, 배포하고, 차별성을 개선하고, 증분 가치incremental value를 확보하는 데 가장 크게 기여하는 분야에서 자체적인 기술 역량을 구축함으로써 다음과 같은 혜택을 누릴 수 있다.

- **전사적 아키텍처**enterprise architecture: 기업의 운영 모델을 지원하는 기술 방식에 대해 현재의 반복적인 개발 관점을 유지한다.
- **애플리케이션 개발:** 애자일 접근법과 데브옵스 접근법에 따라 소프트웨어 개발에 혁신을 촉진한다.
- **데이터 분석과 엔지니어링:** 기업들이 다양한 데이터에서 중요한 비즈니

실적 상위 기업들은 디지털 역량 확보와 비즈니스 인수에 더 많은 M&A 예산을 투입한다[76]

■ 실적 상위 기업 응답자
■ 기타 모든 응답자

30%	33%	36%
24%	20%	56%
디지털 역량 확보	디지털 사업 인수	비디지털 사업 인수

스 통찰(예: 예측)을 얻어내고 비즈니스 목적에 맞게 데이터를 활용할 수 있도록 지원한다.

- **경험 설계:** 고객과 사용자의 경험을 고려하여 새롭고 차별화된 디지털 솔루션을 만들 수 있도록 한다.

리더들은 인재 전략에 있어 다른 분야만큼 적극적으로 혁신을 꾀하지 않았다.[77]

지난 2년 동안 기업들이 추구한 전환의 유형

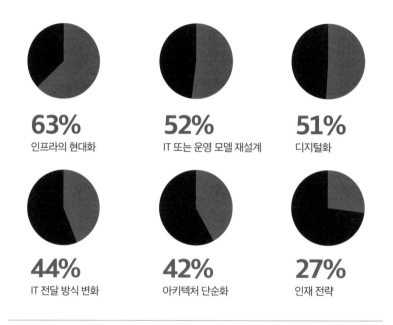

63%
인프라의 현대화

52%
IT 또는 운영 모델 재설계

51%
디지털화

44%
IT 전달 방식 변화

42%
아키텍처 단순화

27%
인재 전략

인재를 바라보는 새로운 관점

기업들이 자체적인 기술 통제력을 되찾으려면 디지털 인재를 채용하고 관리하는 능력을 개선해야 한다. 핵심 시스템 컴포넌트를 현대화하거나 재구축할 수 있는 개발자, 그리고 소규모 팀이 새로운 작업 방식을 익히도록 이끌 수 있는 애자일 코치가 바로 디지털 인재에 속한다.**78** 기존 기업은 이러한 인재 유입에 발맞춰 교육 프로그램을 확대하고 현대화해야 할 것이다(자세한 내용은 '9장. 직원들이 업무를 수행할 역량을 갖추고 있는가?' 참조).

예를 들어, 유럽의 한 은행은 새로 입사한 개발자들이 꼬박 1년 동안 교육을 받아야만 은행의 기존 신용 엔진을 이해하고 작업할 수 있다는 사실을 깨달았다.

그렇다고 해서 기술 인력을 더 많이 채용하는 데 급급해서는 안된다. 기술 승자 기업들은 더 나은 인재들로 구성된 소규모 팀을 선호하는 일관된 인사 전략을 적용해왔다. 특히 직접 개발한 기술 제품을 통해 조직에 커다란 영향을 끼치는 최상급 엔지니어들을 채용하는 데 집중한다. 팀 규모를 축소하면 지원 인력 감소로 이어져 비용을 더욱 절감하고 생산성을 높일 수 있다. (최상급 엔지니어의 생산성은 신입보다 여덟 배 이상 높은 것으로 분석된다. 하지만 우리가 실제 경험한 바로는 그보다 훨씬 높을 수 있다.)

하지만 인력 관리는 IT 리더들이 놓치기 쉬운 빈틈으로 대두되고 있다. 한 설문조사에서 전체 응답자의 27%만이 최근 몇 년 동안 기업에서 인재 전략을 전환하기 위해 대대적인 변화를 꾀했다고 답했다. 이는 디지털화(51%)와 인프라 현대화(63%)를 추구한 기업들보다 훨씬 적은 수치다.**79**

덴마크의 대형 통신회사 TDC는 이러한 종류의 인력 이동이 얼마나 큰 변화를 가져올 수 있는지 보여준다. TDC는 B2C 사업의 디지털 전환에 나서기 전까지 전체 IT 업무의 4분의 3을 국내외 공급업체에 아웃소싱하고 있었다. 경영진은 공급업체에 지나치게 의존하면 전환 속도가 지체될 수 있다고 판단했고, B2C 사업의 IT 역량을 모두 사내로 들여오기로 결정했다.

TDC는 제품 소유자, 마이크로서비스 엔지니어, 스크럼 마스터, UX 디자이너 등 꼭 필요한 전문가들을 채용해 적극적인 인소싱 정책을 추진했다.

채용 담당자들은 채용 공고를 통해 TDC에 필요한 직무를 모집하는 일 외에도 깃허브**GitHub**와 개발자 커뮤니티 등 우수한 인재들이 모이는 장소를 둘러보고, 해커톤과 자바스크립트 밋업**JavaScript meet-ups** 같은 행사를 개최해 잠재 직원들을 발굴했다. 통신 산업에서 일한 경험이 없는 사람도 지원할 수 있도록 채용 기준을 완화해서 인재 풀의 폭도 한층 넓힐 수 있었다.

채용 담당자들은 TDC와 계약을 맺은 개발자와 시스템 설계자 중에서 좋은 성과를 낸 우수한 인재를 초청하여 사내 일자리를 제안했다. 이들은 TDC에서 흥미로운 프로젝트에 임할 기회를 계속 얻을 수 있다는 점에 기뻐했고, TDC는 이러한 채용 전략을 통해 수많은 인재를 영입할 수 있었다.

B2C 사업 부분은 18개월 만에 IT 인력의 4분의 3을 사내 인력으로 대체하며 디지털 전환 초기의 아웃소싱 인력 비율을 뒤집는 데 성

공했다. 나머지 계약 인력들은 모두 지역에 기반을 두고 있었기에, 어엿한 스쿼드 구성원으로서 TDC 직원들과 함께 일할 수 있었다.

- 대기업이 서비스를 차별화하려면 무엇보다 빠른 속도로 학습하고 적응할 수 있는 유연성이 필요하지만, 기술 공급업체가 대기업에 이러한 기능을 제공하기란 무척 어려운 일이다.
- 기업은 전사적 아키텍처와 경험 설계 같은 디지털 솔루션을 개발하고 배포하는 데 가장 결정적인 역할을 하는 분야에서 자체적인 기술 역량을 구축함으로써 혜택을 얻는다.
- 대기업 입장에서는 실험이 필요 없고 반복적이며 명확하게 정의된 업무를 IT 공급업체에 아웃소싱하는 것이 실용적인 방안이 될 수 있다.
- 핵심 시스템 컴포넌트를 현대화하거나 재구축할 수 있는 개발자, 애자일 코치, 제품 소유자, 마이크로서비스 엔지니어 등 조직에 꼭 필요한 전문가들을 우선적으로 채용해야 한다.

13

사이버 보안은 IT 전환 팀의 업무인가, 아니면 제어 기능일 뿐인가?

보안이 뚫리면 하루아침에 조직이 위험에 빠질 수 있다. 이러한 위험은 일상 업무의 핵심 요소로 관리해야 하며, 나중으로 미뤄서는 안 된다.

세상에는 두 가지 유형의 기업이 존재한다는 유명한 말이 있다. 바로 해킹당한 기업과 해킹당했다는 사실조차 모르는 기업이다. 상황은 갈수록 심해질 수 있다. 매년 수많은 기업 보안 시스템이 해커들의 공격을 받고 있으며, 악성코드의 변종도 끊이지 않고 있다.

보안 위협은 조직에 수백만 달러의 손실을 입히고 주가에 큰 타격을 준다. 기업은 수일, 수주에 걸쳐 해커들의 공격에 대응하느라 자원을 다른 필요한 부문에 쓰지 못하기도 한다. 소프트웨어 기업인 CA 테크놀로지스CA Technologies가 최근 실시한 설문조사에서 고객 절반가량은 보안 사고에 휘말린 기업의 서비스를 중단하고 경쟁업체의 서비스로 갈아탔다고 답했다.[80]

새로운 기술을 운영에 활용하고 애플리케이션과 서버, 기타 장치에 디지털 링크를 구축하다 보니 '공격 표면attack surface(해커가 데이터를 빼내거나 시스템에 침투할 수 있는 지점 – 옮긴이)'이 확대됐고, 기업들은 지금 이 순간에도 사이버 위험에 맞서 전쟁을 벌이고 있다. 게다가 유럽연합의 일반 데이터 보호 규칙GDPR을 비롯해 기업들이 준수해야 할 사이버 보안 관련 규제 요건도 늘어나고 있다.

새로운 사이버 보안 압박

늘어나는 사이버 보안 규제는 기업의 사이버 보안 팀에 엄청난 부담이 되고 있다. 보안 팀은 엄습하는 사이버 위험을 저지하여 비즈니스를 보호하고 규제를 준수해야 할 뿐 아니라, 이제는 개발자와 디지털 전문가의 요청에 따라 새로운 애플리케이션의 개발, 출시, 업데이트 과정마다 신속하게 보안 사항을 검토해야 하는 지경에 이르렀다.

엄격한 사이버 보안 검토와 승인 요건을 확립하는 것은 당연한 조치이다. 하지만 그로 인해 기업에 꼭 필요한 사이버 보안 팀이 오히려 디지털 전환의 발목을 잡는 병목 신세가 되고 있다. 우리는 자사의 사이버 보안 프로토콜 안전성을 확신하지 못하고 새로운 솔루션 채택을 미루는 기업들을 숱하게 봤다. 더 심한 경우에는 제품을 빨리 출시하기 위해 보안에 대한 문제제기를 아예 짓밟아버리기도 한다. 디지털 전환 보안 글로벌 설문조사 Digital Transformation Security Global Survey 결과에 따르면 "(비즈니스 사용자들이) 이니셔티브가 가로막힐 수 있다는 우려 때문에 보안 팀과의 교류를 피한다"라고 답한 응답자가 85%에 달했다.[81]

이러한 시각은 근시안적이고 위험하다. 한 금융기관은 디지털 전환을 주도하며 큰 진전을 거뒀다. 소프트웨어 출시 주기는 2~3개월에서 2~3일로 대폭 단축됐다. 하지만 사이버 보안은 이러한 작업 속도를 따라잡을 수 없었다. 이 기업은 두 번이나 보안이 뚫리면서 평판이 심각하게 훼손됐다. 보안 팀이 해킹 공격을 막으려 애썼지만, 이미 기업 운영에 엄청난 차질이 빚어진 후였다.

네 가지
조정

네 가지 주요 조정을 통해 빠른 테스트와 학습 정책을 유지하면서도 기업의 디지털 전환 과정을 안전하게 보호하는 데 결정적인 차이를 만들어낼 수 있다.

- **사이버 보안 팀 리더와 함께 전환 계획을 수립한다.** 기업의 디지털 전환을 논의하는 경영진 회의에 보안책임자나 최고정보보안

책임자CISO가 참석할 수 없다면, 기업의 전환 속도가 둔화될 위험이 있다. 사이버 보안 팀의 리더는 비즈니스의 변화 방식을 구체화하고 기업 상황에 맞는 사이버 보안 역량과 방법을 확보할 수 있는 위치에 있어야 한다.

- **사이버 보안을 개발에 통합한다.** 크고 작은 디지털 네이티브 기업들과 일부 변형된 형태의 기존 기업들은 품질보증 팀의 코드 테스트를 거치지 않은 채 운영된다. 대신 자사 제품이 사이버 보안 요건을 충족하는지 확인할 책임이 개발 팀에 있다. 이러한 방식을 따를 경우, 각 개발 스쿼드는 보안 코드를 작성하여 수시로 테스트하고 취약점을 수정해야 한다.

  사이버 보안 팀은 이러한 프로세스의 편의성과 신뢰도를 높이기 위해 개발자와 협업하여 매일 사이버 보안 검사를 수행하고 발견된 문제를 별도로 표시하는 데 사용할 수 있는 개발자용 자동화 도구를 만든다. 사이버 보안 전문가는 신제품의 배포, 출시와 같은 운영 보안 업무를 개발자에게 배정한다.[82] 모범사례에는 진행 상황을 주시하고 보안 사항 보고를 지원하기 위한 지표(취약점 점수, 고객만족도 점수, 주요 사이버 프로세스를 완료하는 애플리케이션 등) 개발이 포함된다.

- **방어력 향상을 위한 도구와 작업 방식을 개발한다.** 많은 기업이

사이버 보안을 제품 개발의 일부로 만들면 개발 프로세스가 빨라진다.

프로세스의 각 단계에서 보안 단계 게이트가 제거된다.

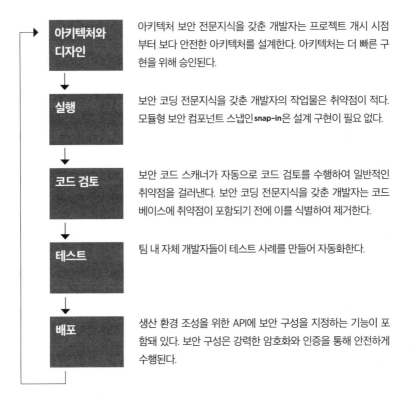

아키텍처와 디자인
아키텍처 보안 전문지식을 갖춘 개발자는 프로젝트 개시 시점부터 보다 안전한 아키텍처를 설계한다. 아키텍처는 더 빠른 구현을 위해 승인된다.

실행
보안 코딩 전문지식을 갖춘 개발자의 작업물은 취약점이 적다. 모듈형 보안 컴포넌트 스냅인snap-in은 설계 구현이 필요 없다.

코드 검토
보안 코드 스캐너가 자동으로 코드 검토를 수행하여 일반적인 취약점을 걸러낸다. 보안 코딩 전문지식을 갖춘 개발자는 코드 베이스에 취약점이 포함되기 전에 이를 식별하여 제거한다.

테스트
팀 내 자체 개발자들이 테스트 사례를 만들어 자동화한다.

배포
생산 환경 조성을 위한 API에 보안 구성을 지정하는 기능이 포함돼 있다. 보안 구성은 강력한 암호화와 인증을 통해 안전하게 수행된다.

강력한 보안 정책을 수립하지만, 일반적으로 예방·보호 통제, 표준, 시행 메커니즘 등이 뒷받침되지 않는 경우가 많다. 기술은 회복력resilience을 높이고 대규모 공격 횟수를 줄이는 데 도움이 될 수 있다. 설계를 개선하면 해커가 끼칠 수 있는 피해를 제한할 수 있다.

하지만 피싱 이메일처럼 기술적으로 간단한 속임수를 써서 금전적인 피해를 입히는 범죄가 전 세계 사이버 공격의 70%를 차지하는 것이 현실이다.[83] 기업들은 공격을 받았을 때 쉽게 추적할 수 있도록 탐지·대응 기술에 투자해야 하며, 빠르게 움직여 공격에 대항해야 한다. 한편 제품 내부에서 보안과 개인정보 보호 상태를 실시간으로 확인할 수 있는 제품 평가 대시보드를 개발한 기업들도 있다.

• **사이버 보안 기술 전문가를 양성한다.** 개발자들은 사이버 보안에 대해 더 자세히 학습할 필요가 있다. 교육을 받느라 개발할 시간이 줄어들 수밖에 없겠지만, 대개는 필요한 사이버 보안 기술을 단기간에 습득한다. 학습은 현실적인 성과로 돌아온다. 일단 개발자들이 새로운 사이버 보안 기술을 습득하면 별도의 사이버 보안 팀이 코드를 검토할 때 발생하는 생산 지연 문제를 줄일 수 있다.

미국의 대형 의료보험 회사 애트나Aetna는 보안 통제와 애플리케이션 개발 기능을 통합하고자 했다. 이는 여러 플랫폼에서 1,500여 개의 애플리케이션을 관리하는 3,500여 명의 개발자들에게 영향을 미칠 수도 있는 대단히 야심 찬 계획이었다. 당시 애트나의 개발자들은 폭포수 방식, 애자일 개발, 데브옵스 등 다양한 방식으로 개발 단계를 진행하고 있었던 터라 상황이 더욱 복잡했다.

애트나에서 특정 IT 영역을 담당한 사이버 보안 전문가와 개발자는 협업을 통해 사이버 보안 점검과 위협 모델링을 위한 프로세스를 설정하고, 통합·배포 과정에서 다른 일상적인 코드 테스트를 시행했다. 해당 영역의 개발자와 보안 전문가가 새로운 '데브섹옵스DevSecOps(데브옵스에 보안security을 추가한 개념으로, 데브옵스의 IT 개발, 배포, 운영, 관리 등 모든 영역이 보안과 연계돼 있어야 한다 – 옮긴이)' 접근법에 익숙해지면서 애플리케이션 배포 속도가 향상되고 코드 결함 발생률이 급격히 감소했다.

우리가 생각해야 할 것들

- 디지털 전환은 종종 조직의 '공격 표면'을 확대해 사이버 공격 위험을 높인다.
- 엄격한 사이버 보안 검토와 승인 요건은 디지털 전환의 발목을 잡는 결과로 이어질 수 있다.
- 보안책임자 또는 최고정보보안책임자는 조직에 사이버 니즈를 교육하고 소프트웨어개발에 원활한 보안 통합을 보장하기 위해 전환 계획을 수립하는 경영진의 일원으로 참여해야 한다.
- 사이버 보안 팀을 디지털 전환 계획과 개발에 통합하면 회사의 필요에 맞는 사이버 보안을 유지하고 문제에 더욱 신속하게 대응할 수 있어 프로세스를 크게 가속화할 수 있다.
- 개발자들은 사이버 보안을 좀 더 깊이 이해하기 위한 교육을 받아야 한다.

PART 3
수용과 확장

디지털 기술,
어떻게 수용하고
확장할 것인가

14 《《
변화를 주도하는 사람들은
관료주의자인가, 개발자인가?

_____ 전통적인 프로젝트 매니저는 디지털 전환을
조직 전체로 확대하지 못한다. 전환을 확대하려면 디지털 제품을 만들고 널리 분산된 팀과
협업할 수 있는 인력이 필요하다.

디지털 전환은 복잡성의 세계를 불러온다. 전환은 기업의 운영 방식
과 업무 자체를 근본적으로 바꿔놓을 것이다. 모든 경영진이 알고 있
듯이, 이러한 변화를 효과적으로 관리할 수 있을 때 비로소 전환에 성
공할 수 있다. 하지만 디지털 전환은 과거에 실행했을 법한 다른 일반
적인 전환 프로그램들과는 관리 방식에서 몇 가지 중요한 차이를 보
인다.

강력한 프로그램 관리 부서PMO, Program Management Office의 표준 기
대치는 디지털 전환의 계획 수립, 추적, 조정에서 절대 빼놓을 수 없는
요소이다. 관리 부서에서는 여러 프로젝트에 재사용할 수 있는 컴포넌
트 식별을 비롯해 효율성과 고객 관점을 기준으로 최적의 이니셔티브

순서를 결정하고, 확대 일정에서 빚어지는 제약들을 극복해야 한다.

하지만 디지털 전환은 본질적으로 몇 가지 기술을 추가적으로 요구한다. 사실 훌륭한 디지털 전환 부서**DTO, Digital Transformation Office**의 리더라면 전함에서 부하들에게 명령을 내리는 사령관이 아닌, 오케스트라를 이끄는 지휘자처럼 각 구성원이 최고의 연주를 해내도록 유도할 것이다.

디지털 전환 부서의 다양한 역할

디지털 전환 부서는 조직에 대한 전반적인 비전을 다루는 프로그램 수준의 사고방식, 그리고 개별 이니셔티브가 계획되고 실행되는 프로젝트 수준의 활동을 중간에서 해석하고 전달하는 역할을 한다.

전반적인 프로그램 수준에서 최고의 디지털 전환 부서는 다음과 같은 몇 가지 중요한 역할을 기대 이상으로 수행한다.

- **운영 모델의 구체화:** 디지털 전환 부서는 대형 조직 안에서 변화의 복잡성과 규모에 어울리는 새로운 운영 모델을 만들어야 한다. 기본적으로 모델은 모든 요소가 구조적으로 어떻게 조화를 이뤄야 하는지를 자세히 보여준다.

모델을 구축하는 과정을 거치면서 기초 조직 단위(개별 제품이나 서비스를 담당하는 교차기능 트라이브와 스쿼드)를 모아 특정 가치 흐름(예: 은행 담보 대출이나 통신회사의 계정 개설)을 중심으로 통일된 집합을 구성하는 방법을 알아낼 수 있다. 이를 통해 디지털 전환 부서는 여러 트라이브와 스쿼드에 걸쳐 일관성을 강화하는 데 필요한 프로세스와 거버넌스 프로토콜뿐만 아니라 인사와 재무, 리스크 기능이 트라이브와 스쿼드를 효과적으로 지원할 수 있는 메커니즘을 파악할 수 있다. 제대로 수립된 운영 모델 계획은 핵심성과지표, 보상, 역량 변화, 그리고 이 모든 것을 지원하는 기술과 인재를 식별해낸다.

어떤 운영 모델을 구축해야 할지에 대한 명확한 관점은 기업에 명확한 목표를 제시할 수 있다는 점에서 매우 중요하다. 이는 리더십 팀을 재정비하고 향후 결정해야 할 중요한 요소들(예: 특정 제품, 서비스 또는 프로세스를 지원하는 데 필요한 인재 또는 데이터, 기술 시스템의 종류)을 미리 파악하는 데 도움이 된다. 이처럼 기업이 명확한 관점을 갖지 않으면, 디지털 이니셔티브와 애자일 트라이브가 최종 단계에서 무엇을 마주하고 어떻게 적응할지 제대로 알지 못하는 위험에 처할 수 있다.

운영 모델을 명확하게 그려내지 못하는 상황에서 유망한 이니셔티브를 내세우며 프로그램을 진행하다가 6~12개월 후에 돌연 계획을 중단하고 중요한 조정 과정을 거치는 기업들이 있다. 예를 들어, 전자상거래 팀이 매장운영 팀의 애플리케이션 활용 방식을 제대로 살펴보지도 않은 채 성급히 애플리케이션을 구축한 탓에 여러 팀의 업무가 중복되고 시스템이 서로 호환되지 않는 문제를 겪기도 한다. 이는 결과적으로 고객에게도 혼란을 끼칠 수 있다.

• **문제해결을 위한 협업**: 많은 전환 사례에서 디지털 전환 부서가 무턱대고 솔루션을 만들어 조직에 적용하려 하는 치명적인 문제가 발생하곤 한다. 디지털 전환 부서는 현장과 동떨어진 '전환 관료주의자**transformation bureaucrats**'로 가득한 집단으로 여겨질 때가 많다. 실제로 디지털 전환 부서에 관료주의자가 너무 많으면, 활동은 거창하나 이렇다 할 성과는 내놓지 못할 수 있다.

반면 최고의 성과를 거두는 디지털 전환 부서는 여러 팀이 전환의 개별 단계에 착수할 때 도움을 주는 서비스 조직처럼 운영된다. 디지털 전환 부서는 팀들과 협업하여 더 빠르고 현명한 의사결정을 위해 파일럿 프로젝트의 데이터와 결과를 사용하는 방법을 알려주고, 더 나은 결과를 유도하고 고객 응대를 개선할 방법을 공유한다.

디지털 전환 부서는 무엇보다도 일선 직원들과 시간을 보내며 관련 세부사항을 모두 파악하고 고충에 귀 기울여야 하며, 업무 파트너로서 문제를 해결해야 한다. 문제해결에 필요한 자원과 전문지식을 제공하거나, 전환 과정을 방해할 만한 걸림돌을 예상하여 가능한 해결책을 제시하거나, 빠른 의사결정을 위해 최고경영자에게 관련 문제를 보고하는 것도 좋은 방법이 될 수 있다. 디지털 전환 부서는 온라인에 도입되는 새로운 도구와 프로세스 활용 방법을 일선 팀이 이해할 수 있도록 기술 수용 프로그램을 마련해 지원하기도 한다.

아커 BP에서 데이터 플랫폼 개발을 주도한 CEO 칼 요뉘 헤르스비크**Karl Johnny Hersvik**는 다음과 같이 밝혔다.

"많은 개발자를 현장에 파견하여 운영 직원들과 함께 문제해결을 위한 데이터 플랫폼 활용 방안을 모색하도록 했다. 상부가 나서서 무언가를 도입하는 게 아니라, 직원들이 직접 개발 과정에 참여해서 해결책을 만들어냈다. 우리는 이것이 궁극적으로 직원들에게 큰 지지를 얻을 수 있는 방법이며, 이들이 다시 다른 동료 직원들에게 가르쳐준다는 사실을 알게 됐다."

다양한 팀을 지원할 땐 새로운 이니셔티브를 적극적으로 불러일으키는 것이 중요하다. 이는 새로운 이니셔티브를 억압하는 게 아니라, 팀들이 새 프로그램을 추진할 수 있도록 돕는 데 목적이 있다. 즉 일반적으로 각 팀이 영향력 모델**influence model**을 통해 생각하고 비즈니스 부문과 팀에 주도적으로 변화를 일으킬 수 있도록 돕는 것이다. 이러한 과정을 거치면서 팀원들은 무엇을 소통하고, 어떻게 변화를 실현하고, 어떤 역량이 필요한지 깊이 고민하며 성공 확률이 높은 프로그램을 설계할 수 있다. 또 위험을 식별하고 완화할 방법을 고안하는 데도 도움이 된다.

훌륭한 디지털 전환 부서라면 문제를 구체화하기에 앞서 예측하고 해결할 수 있도록 패턴 인식 기술을 갖추고, 문제에 적응하는 방법과 대안을 찾는 방법 중에서 어느 것이 올바른 접근인지 판단할 수 있어야 한다.

- **리더십과 협업**: 디지털 전환 부서가 효과적으로 전환을 진행하려면 조직의 핵심 리더들과 긴밀하게 협력해야 한다. 특히 리더

영향력 모델[84]

나는 다음과 같은 경우에 내 행동과 마인드셋을 바꿀 것이다.

롤모델링
리더, 동료, 직원들이 이전과 다르게 행동한다.

충분한 이해와 설득
내게 요구되는 것이 무엇인지 이해되고 납득이 된다.

강화 메커니즘
우리 조직의 구조와 프로세스, 시스템이 내게 요구되는 변화를 뒷받침한다.

재능과 기술 개발
나에게는 새로운 방식으로 행동할 능력과 기회가 있다.

들이 팀에 소속감을 느끼고, 전문성을 바탕으로 더 나은 의사결정을 이끌어내고, 디지털 전환 부서가 해체된 후에도 변화를 지속할 수 있도록 전환 초기부터 정기적으로 리더들을 전환 과정에 참여시키는 것이 중요하다.

각 부서와 긴밀하게 협력하는 것도 중요하지만, 디지털 전환 부서는 다음 사항에 특히 주의를 기울여야 한다.

- **인사:** 인사팀과 긴밀하게 협력하며 디지털 인재 관리자로서의 역할을 수행해야 한다. 초기 단계부터 인사팀과 가능한 한 긴밀하게 협업하여 디지털 전환의 의의에 맞게 채용과 성과 관리를 조정해야 한다. 디지털 전환 부서는 인사팀과 협업하며 현재 조직의 인력과 역량을 조정하고 미래의 수요를 예측해야 한다. 더 나아가 각 직무를 설명하고, 새로운 인재를 유치하고, 기존 인재의 재교육도 지원해야 할 것이다.

- **재무:** 재무 분야는 디지털 전환에서 단절되어 전체 예산 프로세스에 영향을 미치는 일련의 이니셔티브가 아니라 그저 일회성 비용 절감 프로그램으로 간주되기 쉽다. 따라서 디지털 전환 부서는 재무팀과 긴밀한 관계를 형성하고 전환의 목표와 새로운 애자일 업무방식에 대해 교육할 필요가 있다. 디지털 전환 부서는 재

무팀이 이니셔티브의 전개 양상을 이해하고, 장부에 기록되는 이익이나 절감한 금액을 확인하기 위한 지속 가능한 프로세스를 구축할 수 있도록 지원해야 한다.

- **IT**: 기술과 분석이 모든 전환의 기반을 형성하므로 최고정보책임자 또는 최고기술책임자는 진정한 업무 파트너가 돼야 한다. 디지털 전환 부서는 기술 경영진과 긴밀하게 협력해 개발의 우선순위와 순서를 결정해야 한다. 이는 디지털 전환을 지원하고, 종속성을 식별하고(예를 들어, 새로운 전자상거래 채널을 열기 전에 보안 기능부터 갖춰야 한다), 자원을 확보하여 이니셔티브에 필요한 기술 지원을 제공하기 위함이다. 하지만 최고정보책임자 또는 최고기술책임자가 단순히 '지시를 이행'하기보다는 솔루션 구상에 적극적으로 참여할 수 있도록 비즈니스와 전환 목표를 명확하게 이해하고 있어야 한다는 점을 명심해야 한다.

- **최고경영자**: 디지털 전환 부서는 상당한 의사결정 권한을 가지고 있지만, 실질적으로는 최고경영자와 최고경영진 차원에서 여러 의사결정을 내려야 한다. 이러한 체계가 효과를 발휘하려면 리더십 팀이 두 가지 행동을 약속해야 한다.
첫째, 신속한 결정이다. 성공하는 디지털 전환 부서는 일주일에 한 번 최고경영자와 경영진을 만나 중요한 의사결정이 이뤄지는

디지털 전환 성공 요인

지속적인 개선

> **"문제가 발생했을 때 리더가 신속하게 조치를 취해 대안을 구상했다."**

설문조사 결과,
전환에 성공한 기업의 응답자들은
다른 기업의 응답자들보다
위 문장에 동의할 가능성이 **3배** 더 높은 것으로 나타났다.

지 확인한다. 둘째, 의사결정은 한 번만 내려야 한다. 최고경영자와 경영진은 계속해서 결정을 재고하고 번복하는 행동을 자제해야 한다. 물론 정기적으로 진행 상황을 검토해야 하지만, 그렇다고 이미 논의한 내용을 다시 꺼내어 되짚어보는 구실로 삼아서는 안 된다. 교훈을 얻고 앞으로 나아가도록 하자.

• **역량 개발:** 디지털 전환은 조직 전체에 학습 DNA를 심는 계기가 돼야 한다. 이를 위해, 디지털 전환 부서는 역량 구축을 감독하고 보장하는 중요한 역할을 맡는다. 조직에서 요구되는 전반적인 역량을 파악하고, 이를 규모에 맞게 개발할 수 있는 구조화 프로그램을 설계한 후, 자격 인증 제도를 운영해 진행 상황을 추적한다.

특정 역량의 개발을 지원하는 동시에 다양한 도구를 사용해 팀이 신속하게 협업할 수 있도록 영향력을 행사하는 등 애자일 디지털 문화를 육성하기 위해 끊임없이 노력해야 한다. 또한, 디지털 문화를 조성하기 위해 코치들을 팀에 배치해 직원들에게 스프린트(애자일 작업 단위인 짧은 개발 주기) 업무방식을 전수한다.

애자일 코치는 특정한 문제에 대한 해결책을 마련하고, 직원들에

역량 구축 팀

"우리는 성장 잠재력이 높은 열 명의 직원과 함께 웨스턴 유니언 웨이**Western Union Way** 팀('WU 웨이')을 만들었다. 열 명으로 시작한 작은 팀으로 어떻게 회사 직원 1만 2,000명에게 전환 의식을 새겨놓을 수 있을까? 우리는 이 목표를 달성하기 위해 역량 개발에 나섰고, 중앙 팀을 활용했다. 우리가 직원들에게 방법을 알려주면 직원들이 실행에 옮기는 것이다.

우리는 최고의 팀을 만들겠다는 취지로 파일럿 프로젝트를 완수했다. WU 웨이는 직원들이 문제에 맞닥뜨렸을 때 계속 성과를 내거나 방향을 바로잡을 수 있도록 도와줄 것이다. 이러한 노력은 직원들의 주도적인 행동으로 이어지고, 이것이 원동력이 되어 조직 전체로 변화가 확대된다. 우리는 직원 열 명에서 시작해 첫 번째 변화의 물결을 타고 50명까지 확대할 수 있다. 일단 50명을 확보하면 다음 물결을 타고 다시 200명에게 영향을 끼칠 수 있다.

댄 노들랜더
Dan Nordlander

웨스턴 유니언 Western Union 수석 부사장

전환 의식이 조직에 스며들면서 기업은 자체적으로 애자일 방식을 구현하기 시작한다. 그리고 최고의 팀이 전환 과정을 순조롭게 진행한다. 우리는 팀의 도움을 받아 체계적으로 결과를 추적함으로써 조직 전체에 미치는 전환의 영향력을 측정할 수 있다."

게 새로운 도구 사용법을 알려주고, 팀이 데이터를 깊이 이해하고 의사결정에 활용할 수 있도록 지원한다. 디지털 전환 부서는 이러한 모든 조치를 통해 팀들에게 현장에서 터득한 지식과 경험에 제품과 서비스를 적응시킬 방법을 보여주며 계속해서 발전해나가야 한다는 의식을 심어준다.

- **다리 놓기:** 디지털 전환 부서는 조직의 여러 부분을 통합하는 매우 중요한 역할을 맡는다. 효과적인 계획을 수립함으로써 조직 내 상호 의존성을 이해하고 관련된 교차기능팀들을 적극적으로 통합할 수 있다. 예를 들어, 전자상거래 사이트에서 새로운 기능을 수행해야 할 때 IT와 마케팅 부분을 연결해주면 더욱 효과적일 것이다.

같은 맥락에서, 디지털 전환 부서는 모범사례를 전파하는 관리자이자 전달자의 역할을 수행한다. 전환의 중심에 있는 디지털 전환 부서는 모든 이니셔티브를 한눈에 훤히 내려다보며 무엇이 효과적인지 알 수 있다. 성공하는 디지털 전환 부서는 모범 사례를 포착하고 체계화할 뿐 아니라, 조직 내 다른 분야에도 적용할 수 있는지 파악한 후 모든 직원이 이용할 수 있도록 만들어 다른 부서들과 적극적으로 공유한다.

새로운 애자일 운영 모델을 여러 국가와 시장으로 빠르게 확대하려는 한 글로벌 통신회사를 예로 들어보자. 이 회사는 디지털 전

전문가 팀

피오나 비커스
Fiona Vickers

콘 페리 수석 고객 파트너 겸
디지털 전무이사

"디지털 전환 부서의 규모와 구성(10~20명)은 저마다 다를 수 있지만, 주로 기술자와 프로젝트 관리자, 애자일 코치, 디자이너, 데이터 분석가가 포함된다. 이들은 능숙하게 독립된 팀과 협업하고, 팀의 요구사항을 비즈니스 요건으로 바꾸고, 솔루션을 개발하는 과정을 반복한다.

전환을 실제로 이끄는 주체는 기업의 상황과 필요에 따라 다르다. 내부적으로 비즈니스를 개선하는 데 좀 더 집중하는 최고전환책임자CTO를 영입하거나, 대외적으로 새로운 제품과 비즈니스 모델 개발에 집중하는 최고디지털책임자를 영입하는 기업도 있다. (최고디지털학습책임자도 또 다른 대표 리더로 급부상하고 있다.)

전환을 주도하는 리더가 누구든 간에 전환 과정을 기술적으로 관리할 능력은 물론이고, 디지털 대의에 따라 직원들을 결집시킬 수 있는 대인관계 능력을 갖춰야 한다. 공감하는 리더십과 다름을 포용하는 새로운 업무방식이 필요하다.

오늘날 성공하는 최고디지털책임자의 특징은 다른 직원들에게 권한을 부여하려는 의지가 있다는 점이다. 이러한 특징은 최고전환책임자에게도 적용된다."

환 부서의 도움을 받으며 한 시장에서 파일럿 프로젝트를 신속하게 수행했고, 이때 얻은 교훈을 바탕으로 접근법을 가다듬었다. 디지털 전환 부서는 개념 증명**proof of concept** 과정(새로운 운영 모델의 타당성을 검증하는 단계 - 옮긴이)을 거치면서 학습한 지식이 새로운 팀들에게 전달될 수 있도록 지원했다.

디지털 전환 부서는 조직에 디지털 문화를 조성, 확산, 강화하는 기폭제이자 메커니즘이 된다. 디지털 전환 부서는 각 팀을 이끌며 디지털 이니셔티브를 실행하고 솔루션을 개발하고 애자일 방식을 확산시키는 동시에 모든 직원의 학습 역량을 끌어올려 조직 전체에 적응형 학습을 촉진한다.

하지만 전환 부서가 임시로 조직된 팀이라는 사실을 명심하자. 기업들은 디지털 전환 부서가 겹겹이 쌓인 또 하나의 관료주의로 자리 잡지 않도록 주의해야 한다. 사실, 처음 시작할 때부터 출구 계획을 수립하는 일도 디지털 전환 부서의 의무이다. 조직의 학습과 적응 능력이 점차 향상되면, 전환 팀은 서서히 자취를 감춰야 한다. 전환 팀이 더 이상 존재하지 않아야 비로소 조직 전반에 성공적인 전환이 일어난 것으로 볼 수 있다.

• **소통:** 디지털 전환 부서는 전환의 눈과 귀 역할을 하며, 모든 측면에 대해 데이터를 기반으로 한 간결한 보고서를 제공해야 한다 (단, 최고경영진과 이사회에 제출할 프레젠테이션 자료와 보고서를 끊임없이 만들어야 하는 부담을 디지털 전환 부서에 지우지 않는 것이 중요하다). 따라서 디지털 전환 부서는 진행 상황과 영향, 책임에 대한 정보를 제공하는 단일 진실 공급원으로서 전환 프로그램의 전반적인 소통을 책임지는 주체가 된다. 중요한 시기마다 일선 직원과 중간관리자, 상급 관리자 등 조직 내 다양한 직급에 순차적으로 메시지를 전달하는 업무도 담당한다. 예를 들어, 전환 프로그램이 시작될 때 주고받는 전반적인 소통, 그리고 전환 과정이 진행되면서 성

과가 나타날 때 취하는 후속 조치 등이 업무에 포함될 수 있다.

원격 디지털 통신 기술이 매우 효과적일 수 있다. 상급 관리자와 이니셔티브 리더가 새로운 디지털 채널을 사용해 직원들과 원격으로 소통할 때 디지털 전환이 성공할 확률은 그렇지 않을 때보다 세 배나 높아진다.[85] 훌륭한 디지털 전환 부서는 성공을 강조하며 직원들에게 자신감과 열정을 북돋워준다는 점도 간과해서는 안 된다. 예를 들어, 회의를 시작할 때 성공사례를 공유하고(공로를 인정하고), 정기적으로 '금주의 영웅'을 선정하여 이메일로 알리거나, 높은 성과를 낸 직원들에게 전화를 걸어 축하의 말을 전해달라고 최고경영자에게 요청하기도 한다.

우리가 생각해야 할 것들

- 강력한 디지털 전환 부서는 기존 프로그램 관리 부서에서 전통적으로 담당하던 모든 업무를 수행할 뿐 아니라, 팀들과 협업해 문제를 해결하고 지속적인 학습 마인드셋을 심어주고 새로운 디지털 문화를 전파한다.
- 디지털 전환 부서의 가장 중요한 업무는 미래에도 전환을 이어갈 수 있는 지속 가능한 운영 모델을 만드는 일이다.
- 디지털 전환 부서는 전환을 지휘하는 통제센터이자 정보와 데이터, 발전의 원천이므로, 결과를 조직 전체에 전달할 의무가 있다.
- 디지털 전환 부서는 인사, IT, 재무 등 조직 내 주요 부서들과 협력하여 디지털 전환을 효과적으로 지속해야 한다.
- 디지털 전환 부서는 다양한 분야의 전문가들로 구성돼야 한다. 디지털 전환 부서를 이끄는 리더는 적용 여부가 불투명한 디지털 솔루션을 개발하는 데 집중하기보다는 조직 전반에 걸쳐 전환을 주도하는 데 전념해야 한다.

15 《《《《《《《《《《《《《《《《《《《《《《《《《《《《《《《《《《《《《《
모든 직원이 학습한 정보에
쉽게 접근할 수 있는가?

──────────────── 아무도 찾아볼 수 없다면 그 모든 학습은 아
무런 가치가 없다.

"우리 회사가 지금 알고 있는 것을 그때도 알았더라면." 경영진 사이
에서 흔히 나오는 말이다. 이 후회 섞인 한탄에서 오늘날 적응형 학습
조직이 되기를 바라는 기업들의 위기의식이 느껴진다. 큰 비용을 들
여 개발한 솔루션이 아주 잠깐 사용되다 조직에서 잊히는 경우가 너
무 많다. 후에 비슷한 솔루션을 원하는 누군가가 나타나 또다시 동일
한 솔루션을 만들어내느라 돈과 시간을 낭비하기도 한다.

　기업들은 이미 자신이 만들어낸 지식을 관리하는 데 수백만 달러를
투자하고 있고, 이러한 노력은 그만큼의 성과를 내고 있다. 최고 지식
경영기업MAKE, Most Admired Knowledge Enterprises으로 선정된 기업들은
동종업계 다른 기업들보다 주주 총수익률이 70%, 매출액 대비 수익

률이 138% 더 높은 것으로 나타난다.[86]

하지만 기업들은 지식의 수집과 유통을 어떻게 관리할지 다시 생각해야 한다. 직원들은 일상생활에서 사용하는 애플리케이션처럼 쉽고 빠르게 지식을 찾고 활용할 방법을 원한다. 이와 동시에 인공지능과 자연언어처리Natural Language Processing 등 새로운 기술이 지식경영을 획기적으로 바꾸고 있다.

P&G에서 수석 부사장을 지낸 F. D. 와일더는 기업의 학습에 대해 다음과 같이 밝혔다.

"성장 방식이 바뀌고 파괴가 가속화되고 있는 상황에서 우리는 가장 빠르게 학습하는 기업이 되어, 학습한 내용을 재빠르게 적용하며 비즈니스를 주도해야 한다. 글로벌 팀의 핵심 임무는 그동안 얻은 교훈을 직원 누구나 찾아볼 수 있도록 전파하는 것이다. 디지털 전문지식이 극소수 직원들에게만 집중된다면 기업에는 큰 위험으로 작용할 수 있기 때문이다."

전환에 성공하려면 무엇보다 이러한 학습 불균형을 극복해야 한다. 하지만 인프라 지원 없이는 헛된 노력이 될 것이다. 여기서 인프라는 기업 내에서 관련 정보가 자유로이 이동할 수 있도록 지원하는 기술과 프로세스, 그리고 문화를 의미한다.

지식을 취합하여 공유할 방법을 고민할 때 우리가 고려해야 할 두 가지 주요 문제가 있다. 첫 번째는 모든 임직원이 필요한 때에 원하는 솔루션을 쉽고 빠르게 찾아 이용할 수 있도록 만드는 것이다. 그리고 두 번째는 지식이 쉽게 전파될 수 있도록 프로세스와 인센티브를 개발하는 것이다.

쉽게 만들려면
기술을 활용하라

맥킨지 연구 결과에 의하면 디지털 도구와 기술을 사용해서 직원들이 필요한 정보를 찾을 수 있도록 지원하는 기업들은 디지털 전환에 성공할 가능성이 매우 높다. 주요 기능으로는 데이터베이스에 대한 단일 인증single sign-on 접근, 지식 제출을 위한 간소화 프로세스, 다양한 데이터베이스에 쉽게 접근해 사용할 수 있는 네트워킹 등이 포함된다.

시맨틱 검색semantic search(단순 '키워드 검색'이 아닌 문서의 의미를 분석하여 검색하는 방식 – 옮긴이)과 인지 컴퓨팅cognitive computing(인공지능과 신호 처리 원리에 기반한 기술 플랫폼 – 옮긴이) 같은 새로운 기술 역량은 지식의 접근성을 높이는 데 도움이 된다.

한편 지원금, 포인트, 배지, 리더십 보드 같은 사회적 협업·게임화gamification 도구는 지식 공유에 기여하도록 유도하는 인센티브로 작용한다. 한 기술 기업에서는 직원들이 지식을 공유했다는 증빙을 제출해야만 승진할 수 있다.

마치 넷플릭스Netflix가 몰아서 볼 만한 흥미로운 영상 콘텐츠를 모아놓듯, 적절한 콘텐츠를 쉽게 찾을 수 있는 학습 플랫폼을 만드는 기업도 있다. 실제로 넷플릭스는 광범위하고 개방적이며 체계적인 정보 공유를 핵심 가치로 여기며 자체 솔루션 플랫폼을 운영한다. 이 플랫폼은 미래에도 재사용이 가능하도록 솔루션을 지속적으로 기록하는 저장소 역할을 한다.

넷플릭스는 새롭고 중요한 아이디어를 공유하기 위해 사내 팟캐스트도 운영한다. 기업의 학습 플랫폼이 사용하기 쉽고 직관적이며 흥미롭다면, 직원들은 교육 자료와 조언, 해결 방법 등 필요한 정보를 찾기 위해 학습 플랫폼에 로그인하는 습관을 들이게 될 것이다.

디지털 전환 성공 요인

정보 공개[87]

"직원들은 고객부터 기업의 재무 상황에 이르기까지 모든 정보에 자유롭게 접근할 수 있다."

설문조사 결과,
애자일 조직의 응답자는
다른 조직의 응답자보다
위 문장에 동의할 가능성이 **2배** 더 높은 것으로 나타났다.

이러한 학습 원칙을 적용한 회사로는 두바이의 차량 예약 회사, 카림Careem이 있다. 카림은 내부 성과 대시보드를 모든 직원이 사용할 수 있도록 만들었다. 이는 회사가 추가적인 보안 문제를 해소하기 위해 의도적으로 내린 결정이었다. 카림의 공동 창립자이자 CEO인 무다시르 셰이카Mudassir Sheikha는 이 학습 원칙을 두고 다음과 같이 말한다.

"우리는 고도의 투명성을 추구함으로써 얻을 수 있는 이점이 비용을 들일 만큼 충분히 가치 있다고 믿는다."88

그러나 기술이 해결책보다는 지식 문제를 일으키는 원인이 될 때도 있다는 사실에 주목해야 한다. 지식 접근성에서 비롯되는 모든 폐단을 기술로만 해결하려다 보면 지나치게 복잡한 솔루션으로 이어지기 쉽다. 복잡한 솔루션은 유지하기도 어려워서 사용자가 결국 잘 이용하지 않게 된다. 최종 사용자의 니즈를 이해하고 이를 충족하는 사용 사례를 개발하려면 디자인 사고를 따르는 것이 매우 중요하다.

지식 커뮤니티를 구축하라

"실무 관련 커뮤니티는 지식 경영의 킬러 애플리케이션killer application(시장을 새롭게 재편하고, 더 나아가 사회 인식과 문화를 바꾸는 혁신적인 상품과 서비스 – 옮긴이)이다."

미국 생산성품질협회American Productivity & Quality Center는 비슷한 직무나 관심사를 가진 직원들로 구성된 커뮤니티의 힘에 대해 이렇게 설명했다. 직원들은 새로운 코드 접근법을 논하거나 빙벽 등반 같은 공통된 관심사를 향한 열정을 나누는 등 다양한 주제에 관한 생각을 서로 교환하면서 방대한 지식을 쌓는다.

이러한 공유 메커니즘은 체계적으로 만드는 것이 매우 중요하다. 맥킨지의 연구에 따르면, 효과적인 애자일 조직은 스타트업보다 정보를 투명하게 제공하는 데 집중하는 경향이 있다. 스타트업은 신속한 창의성을 특징으로 지내지만, 실행에 옮길 때 체계적이지 못한 경우가 많다.

스포티파이에는 웹 기술부터 고객 중심 디자인, 나노테크nanotech에 이르기까지 공통된 관심사를 지닌 직원들이 모여 만든 '길드'가 있다. 길드는 일종의 유연 단체affinity group(공통된 흥미나 신념을 공유하며 함께 행동하는 단체 – 옮긴이) 역할을 수행한다. 팀이나 직무에 상관없이 누구나 관심사와 지식에 따라 길드를 만들어 모임을 갖는다. 원한다면 얼마든지 모임에서 탈퇴해도 된다. 다양한 분야의 외부 전문가들을 초청하여 진행하는 특별 강연, 팀원들이 점심을 함께 먹으며 좋아하는 주제에 대해 열정적으로 이야기하는 런치 앤드 런lunch-and-learn, 독서 모임 같은 간단한 활동 등은 조직의 학습문화를 강화하는 데 도움이 된다. 이는 직원들의 참여도와 연대를 높이고 일반 상식의 폭을 넓히는 데도 유용하다.

조직 차원에서 이러한 직원 커뮤니티를 공식적으로 또는 비공식적으로 지원하기 위한 메커니즘은 모든 학습 조직의 핵심으로 자리 잡아야 한다. 정기적으로 회의하고, 새로운 콘텐츠와 아이디어를 검토하고, 특정 분야의 전문가들을 선정해 목록으로 만들고, 위키wiki나 슬랙Slack 같은 인터널 플랫폼internal platform에 콘텐츠를 게시하는 활동도 학습문화를 조성하는 좋은 방법이다.

P&G에서 수석 부사장을 지낸 F. D. 와일더는 조직에 학습 정신을 전파하기 위해 특별한 프로그램을 만들었다. 그는 이 영상 플랫폼에 대해 다음과 같이 말했다.

"지식을 빠르게 공유하기 위해 나는 '가장 빨리 배우는 자가 승자Fastest Learner Wins'라는 이름의 리더십 플랫폼을 런칭했다. 쉽고 빠

디지털 전환 성공 요인

디지털 학습 도구[89]

"정보 접근성을 개선하기 위해 기업이 디지털 도구를 제공했다."

설문조사 결과,
전환에 성공한 조직의 응답자들은
다른 조직의 응답자들보다
위 문장에 동의할 가능성이 **2배** 더 높은 것으로 나타났다.

르게 부담 없이 소비할 수 있는 콘텐츠를 만들어 학습에 '장벽'으로 적용하는 시간 문제를 해결했다. 각 영상물의 길이는 5분 이하로 짧은 편이어서 직원들이 언제 어디서나 쉽게 시청할 수 있다. 내가 진행한 영상 인터뷰의 약 80%에는 토머스 프리드먼**Thomas Friedman**('세계화의 전도사'로 잘 알려진 언론인 – 옮긴이), 칩 콘리**Chip Conley**(에어비앤비**Airbnb** 전략 자문위원 – 옮긴이), 스탠 매크리스털**Stan McChrystal**(아프가니스탄 주둔 연합군 사령관을 지낸 인물 – 옮긴이) 같은 외부 인사들의 목소리를 담았다. 새로운 통찰을 얻고 우리가 이룬 성과를 비교하고 평가할 기준점을 찾기 위해서는 외부 인사들의 평가에 귀 기울이는 것이 중요하기 때문이다. 모든 것을 다 아는 척하는 기업 문화에서 모든 것을 배우는 기업 문화로 탈바꿈하는 것이 주된 목표이다."

직무 순환으로 학습문화를 확산하라

부서 이기주의가 팽배한 기업에서는 부서마다 스타급 직원들을 빼앗기지 않으려 안간힘을 쓴다. 이처럼 경쟁적인 환경에서 사내 직무 전환은 정치적으로 매우 위험한 선택이 될 수 있다. 반면 디지털 기업에서는 새로운 직무와 부서를 그리 어렵지 않게 경험할 수 있다.

학습 곡선의 기울기가 가파를 때 습득 속도가 가장 빠르다. 다시 말해, 인재들은 익숙한 일상에서 벗어나 새로운 환경에서 가능한 한 많은 시간을 보낼 때 배움을 얻는다. 아마존에서 인사부를 이끌고 있는 베스 갈레티는 사내 학습에 대해 다음과 같이 밝혔다.

"아마존 직원들이 각자의 직무에서 새로운 도전을 마주하고 경험을 쌓을 때 사내 학습의 90% 이상이 이뤄지는 것으로 추정된다."

야심 있는 직원들에게 계속해서 동기를 부여하고 업무 몰입도를 높이는 것도 중요하다. 하지만 다른 부서나 지역 사무소에서 일할 기회를 제공하면 더 많은 직원이 다양한 아이디어를 접할 수 있게 된다. 실제로 직무 순환 프로그램이 마련된 기업은 인재를 한곳에 잡아두는 기업보다 주주 총수익률이 63% 더 높게 나타난다.[90]

정보 접근성이 높은 기업 문화를 지원하는 방법

"사내 위키 사이트는 아마존의 독특한 문화에 대한 풍부한 정보를 담고 있어서 지속적인 학습에 도움이 된다. 직원들은 브로드캐스트Broadcast라는 사내 영상 사이트에 강의 영상을 올려 동료 직원들이 코딩 실무부터 '거꾸로 일하기working backward(아마존의 제품·서비스 개발 방식으로, 고객의 니즈를 중심으로 기획 단계에서부터 보도자료 등을 작성한다-옮긴이)'를 위한 설득력 있는 글쓰기 방법에 이르기까지 업무에 필요한 모든 기술을 배울 수 있도록 돕는다. 거꾸로 일하기 방식은 직원들이 신제품 출시를 고려할 때 고객경험을 놓치지 않도록 이끌어준다는 점에서 매우 중요하다.

베스 갈레티

아마존 인사부 수석 부사장

우리는 가장 인기가 많은 영상을 선정해 직원들이 가장 효과적인 영상을 쉽게 찾아볼 수 있도록 지원한다. 물론 대면 교육 프로그램도 제공한다. 하지만 우리는 직원들이 브로드캐스트에서 직접 정보를 얻으면서 자기 주도적이고 공세적인 자세를 갖게 될 것으로 기대한다."

우리가 생각해야 할 것들

- 열악한 인프라와 지식 관리 체계 때문에 어렵게 얻은 지식을 잃으면 전환 속도가 크게 떨어질 수 있다.
- 실무를 다루는 각종 커뮤니티는 지식 관리의 킬러 앱이 된다.
- 강력한 지식 인프라를 구축하면 학습 콘텐츠를 간편하게 보관하고 저장할 수 있으며 모든 직원이 이용할 수 있게 된다.
- 지식 관리와 공유는 기술적인 문제이자 마인드셋 문제이기도 하다. 지식을 쌓고 널리 공유할 수 있도록 직원들에게 동기를 부여해야 한다.
- 새로운 시도를 통해 학습이 이뤄진다.

16 《《《《《《《《《《《《《《《《《《《《《《《《《《《《《《《

제대로 된
노력을 기울이고 있는가?

_____ 경영진은 디지털화를 통해 중요한 의사결정
부터 직원 배치와 예산 배정에 이르기까지 기존 경영 방식을 획기적으로 바꿔야 한다.

우리는 디지털 전환을 과감히 추진하는 일이 얼마나 중요한지 알고
있다. 언론 보도와 기업 보고서에는 경영진의 희망적인 발언과 포부
가 가득하다. 대담한 포부를 드러내는 것도 중요하지만, 대담한 행동
이 동반되지 않는다면 아무런 가치가 없다. 대담한 행동을 취하려면
최고경영자의 노력이 필요하다.

　여기서 노력이란 임직원들에게 그다지 환영받지 못할 어려운 결정
을 내리는 것을 의미한다. 예를 들어, 생산성이 과거에 비해 크게 떨어
졌지만 조직 내 실세인 경영진이 이끌고 있다는 이유만으로 오래된
공장이 계속 유지되고 있다면 가동을 중단시킬 수 있어야 한다. 또 스
타급 인재가 내세우는 새로운 이니셔티브가 충분한 성과를 내지 못한

채 엄청난 양의 자원만 소비하고 있다면 과감히 중단해야 한다. 주주들이 단기 수익에 목말라하는 상황이어도 필요하다면 단기적으로 성과를 내기 어려운 대규모 투자를 감행할 수 있어야 한다. 디지털 전환을 이루려면 수천만 달러의 비용이 들 수 있다. 1~2년 동안은 본전도 찾기 힘들다. 제대로 된 성과를 거두는 데는 그보다 훨씬 오랜 기간이 걸릴 수도 있다.

실리콘밸리 벤처 투자가이자 워리어스 농구팀의 구단주인 조 라코브도 이러한 노력을 기울였다. 그는 챔피언십에서 우승할 수 있는 팀을 만들기 위해 도전을 감행했다. 우수한 성과를 낸 코치를 내보내고 급기야 인기 선수까지 트레이드했다. 이러한 결정은 당시 많은 팬의 반감을 샀지만, 워리어스 팀이 4년 동안 세 번의 챔피언십 우승을 거머쥐는 기반이 되었다.

노력을 가늠하는
리트머스 시험지

오늘날 대기업들은 비슷한 절충 문제에 직면해 있다. 많은 기업이 새로운 디지털 이니셔티브를 내세우고 IT 시스템의 현대화에 투자하는 등 디지털 전환에 있어 상당한 진전을 이뤘다. 이러한 프로그램이 발전을 불러오긴 하지만, 디지털 시대에 승리하는 데 필요한 진정한 변화 수준에는 미치지 못한다.

변화에 따른 혼란과 불확실한 보상을 고려하면 최고경영자가 결정을 주저하는 것도 이해는 된다. 수년 동안 최고경영자를 지낸 사람들이 그 자리를 지킬 수 있었던 건 과거에 성공한 경험이 있기 때문이다. 그런데 완전히 다른 시도를 하려면 그동안 성공한 최고경영자로서 쌓은 평판이 훼손될 위험을 감수해야 한다. 이를테면 대기업을 디지털 스타트업 같은 애자일한 조직으로 탈바꿈하는 일은 그들에게도 매우 어려운 도전이 될 것이다. 이러한 현실은 리더들이 디지털화 계획을 대대적으로 발표하면서도 정작 실행에는 미적거리는 이유를 설명해준다. 더나아가 리더들이 실적이 저조한 이니셔티브를 지나치게 오래 지속하면서 많은 자원을 잡아먹는 (때로는 서로 충돌하는) 소규모 이니셔티브를 승인하는 이유와 중요한 투자 결정을 회피하려 하는 이유도 말해준다.

물론 리더들의 결정에는 그럴 만한 합리적인 이유가 있을 때도 있다. 하지만 진정한 전환을 위한 리더들의 노력은 여전히 부족하다. 리더들의 노력을 완벽하게 측정할 수 있는 기준은 없지만, 아래 질문들은 노력을 가늠하는 데 유용한 리트머스 시험지가 되어준다.

- 당신과 당신의 팀, 그리고 이사회는 좋은 성과를 내는 디지털 기업을 몇 번이나 견학했는가? 방문 횟수가 세 번에 미치지 않는다면 우려해야 할 수준이다.
- 시장에 계획을 발표만 한 게 아니라, 분기마다 진행 상황을 보고했는가? 정기적인 보고는 계속해서 압박하는 효과가 있다. 디지

털 전환에 성공하는 기업의 리더는 전환의 진행 상황을 투자자나 시장에 정기적으로 공개할 가능성이 다른 기업보다 두 배 반이나 높게 나타난다.[91]

- 근무 시간의 최소 20%를 디지털 전환에 쏟고 있는가? 디지털 전환이 부수적인 업무여서는 안 된다. 디지털 전환에 성공하는 기업의 최고경영자는 전환에 상당한 시간을 할애할 가능성이 다른 기업보다 두 배 가까이 높다.[92]

- 성공적인 디지털 전환과 결과물을 연계해 모든 경영진의 성과급을 책정하고 있는가? 최고디지털책임자 또는 최고정보책임자가 단독으로 성과급 정책을 주도하기는 어렵다.

- 요직에 있는 직원들을 순환 배치함으로써 조직을 대대적으로 개편했는가? 직무 순환 제도는 처음에 많은 직원에게 불안감을 안겨 줄 수 있지만, 부서 간 장벽을 부수고 학습을 장려할 수 있는 빠르고 확실한 방법이다.

- 리더들이 온전히 디지털에 집중할 수 있도록 다른 대규모 자본 이니셔티브를 제거하거나 축소했는가? 디지털 리더는 디지털화로 쓸모없어지는 사업 분야들을 폐기할 가능성이 크다.[93]

- 주요 디지털 직무를 채용하기 위해 직접 면접을 진행하고 리더십 채용 행사에 참여했는가? 최고의 디지털 인재를 얻기 위해 모든 노력을 기울여야 성공적인 전환을 이뤄낼 수 있다.

- 이사회가 디지털 사업을 좀 더 잘 이해할 수 있도록 교육 과정을

마련해놓았는가? 디지털 전환에 성공하려면 이사회의 지원이 필요하다. 그러나 이사회가 전환을 충분히 이해하고 관련 지침을 제공하지 않는 한, 이사회의 지원을 얻기는 쉽지 않다.

- 파괴적일 수 있지만 아직 입증되지 않은 잠재 기술에 대규모 투자를 감행하고 성장 가능성을 열어뒀는가? 여러 건의 소규모 투자를 진행하는 신중한 접근 방식은 모든 이니셔티브의 확장과 돌파에 필요한 자원을 제한하는 결과를 초래한다. 기존 디지털 기업의 26%와 새로운 사업 분야에 진출하는 기존 기업의 28%가 새로운 디지털 사업을 인수했다고 답한 반면 전통적인 기존 기업은 15%만이 그렇다고 답했다.[94]

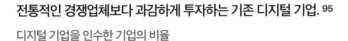

전통적인 경쟁업체보다 과감하게 투자하는 기존 디지털 기업. [95]

디지털 기업을 인수한 기업의 비율

26%
기존 디지털 기업

15%
기존 전통 기업

새로운 유형의
리더십

전환을 위한 노력은 새로운 유형의
리더십을 도입하려는 최고경영자의 의지에서도 드러난다. 실제로 엄
격한 지휘 통제형 리더십은 디지털 사업 운영에 그리 효과적이지 않
을 수 있지만, 경영진에게 각자의 스타일을 무조건 '포기'하라고 하는
것도 옳은 방법은 아니다.

성공을 거머쥔 경영진은 다음과 같은 새로운 리더십으로 접근한다.

• **불확실성에 익숙하다.** 디지털 프로그램의 결과를 정확히 예측하
기는 불가능하므로 학습하고 적응하는 조직을 만드는 것이 중요
하다. 한 대형 유통업체의 CEO는 새로운 사업을 구상하고 있던
최고디지털책임자에게 6개월 후에 그 사업을 어떻게 할 것인지
물었다. 최고디지털책임자는 필요에 따라 테스트하고 배우고 조정
해야 하므로 어떻게 할지 확신할 수 없다고 답했다. 비전은 있었지
만, 정확한 최종 목표를 달성하는 데 필요한 단계별 계획은 없었던
것이다. 최고디지털책임자의 대답이 영 미덥지 않았던 CEO는 명
확한 목표와 계획을 세울 것을 요구했다. 하지만 당시 최고디지
털책임자의 답변은 조직이 할 수 있는 적절한 답변이었다.

최고경영자는 야심 찬 목표를 세우고, 자금 배분과 같이 사업 초
기에 필요한 의사결정을 위한 계획을 수립해야 한다. 이후에는

디지털 팀에 좀 더 많은 재량권을 부여해 스스로 시행착오를 겪으며 적절한 길을 찾고 학습할 수 있도록 지원해야 한다.

• **중요한 문제를 가까이에서 들여다본다.** "열다섯 명에게서 무엇을 배울 수 있을까?" 한 다국적 통신회사의 CEO는 처음에 소규모 디지털 팀을 방문하지 않았던 이유를 설명하며 이렇게 물었다. 그의 질문은 디지털 전환을 향한 노력에 대해 많은 것을 시사한다. 뒤늦게 디지털 팀을 찾은 그는 업무방식의 창의성, 팀이 작업하는 속도와 창출한 가치에 압도됐다. 그 후 매주 팀을 방문해 일의 진행 상황을 파악했을 뿐 아니라 일 처리 방식이 효과적인 이유를 배우기 시작했다. 그는 팀이 얼마나 많은 가치를 창출하고 있는지 알게 됐고, 전환을 이루려는 자신의 집념이 이에 한참 미치지 못한다는 사실을 깨달았다. 그는 프로그램에 더 많은 자원을 투입하고, 각 부서의 리더들에게 디지털 팀을 따라 할 것을 독려했다. 최고경영자가 매주 디지털 전환 부서를 방문해 진행 상황을 검토하고 현장에서 일하는 팀을 만나면서 늘 디지털 이니셔티브를 가까이에 두고 살펴본다면 전환 과정을 더 잘 이해할 수 있다. 또한, 기업에 동기를 부여하고 좀 더 정보에 입각한 의사결정을 내릴 수 있다. 전환 과정을 가까이에서 살필 수 있는 한 가지 효과적인 방법은 전환 팀과 팀의 리더(종종 최고디지털책임자)가 직접 최고경영자에게 보고하는 체계를 만드는 것이다.

• **다른 임직원들에게 권한과 책임을 부여한다.** 다른 직원들에게 권한을 위임하는 것은 최고경영자들의 오랜 미덕이었다. 하지만 디지털 전환에서 이것은 생존의 열쇠다. 상황을 누구보다 잘 알 수 있는 위치에 있는 직원들이 더욱 신속하게 의사결정을 내려야 하기 때문이다. 이들은 최고경영자에게서 멀리 떨어져 최일선에서 일하는 직원들이기도 하다. 디지털 최고경영자는 제안된 이니셔티브의 가치, 디지털 전환을 추진하는 데 필요한 역할, 성공의 척도 등을 이해하는 데 시간을 할애한다. 업무를 진행할 때 각 팀에 많은 유연성을 허용하고 필요한 지원도 아낌없이 제공한다. 최고경영자가 디지털 팀에 권한을 부여하는 가장 강력한 방법은 앞장서서 걸림돌을 제거해주는 것이다. 서로 다른 부서의 리더들이 함께 효과적으로 협업하지 못할 때에는 여러 가지 걸림돌이 수면 위로 드러나곤 한다.

최고경영자는 디지털 팀에 자율적으로 일할 여지를 제공하는 동시에 책임을 묻고 핵심성과지표에 따라 진행 상황을 면밀히 추적해야 한다. 성공하는 최고경영자는 정기적으로(흔히 분기별로) 관련 팀과 함께 진행 상황을 검토한다. 이때 최고경영자의 주된 역할은 진행 여부를 판단하고, 필요한 자원과 목표 결과를 결정하는 데 도움을 줄 수 있도록 진행 과정을 자세히 살피며 문제를 제기하는 것이다. 결과가 약속한 대로 나오지 않으면 최고경영자는 실패한 이니셔티브를 중단할 수 있고, 또 그렇게 해야 한다.

- 디지털 전환은 조직에 필연적으로 커다란 변화를 일으키므로 변화를 향한 최고경영자의 강력한 지지와 노력이 요구된다. 머뭇거리다가는 제대로 된 전환을 달성할 수 없다.

- 중요한 디지털 인력을 직접 만나 면접을 보거나 직원들과 오랜 시간을 보내며 함께 디지털 주제를 논의하는 등 여러 구체적인 행동에서 최고경영자의 노력 정도를 가늠할 수 있다.

- 지휘 통제형 리더십은 통하지 않는다. 그렇다고 완전히 손을 놓는 것도 적절한 방법은 아니다. 성공하는 디지털 최고경영자는 불확실성을 받아들이고 팀에 자율적으로 활동할 여지를 주면서도 실무자들을 가까운 곳에서 지켜보며 권한과 책임을 부여한다.

17

직원들에게 의미 있는 방식으로
소통하고 있는가?

당신의 팀은 당신에게서 영감을 얻을 것이다.
변화의 가능성을 믿고 변화를 추진할 수 있도록 팀에 힘을 실어줘야 한다.

"당신의 모든 말과 행동은 모든 직원에게 관심의 대상이다.
따라서 가장 훌륭한 리더십은 모범을 보이는 것이다."

_조셉 M. 투치 Joseph M. Tucci EMC(현 델Dell EMC) 전 회장 겸 CEO

한 최고경영자는 그의 회사에서 일어나는 디지털 전환의 복잡성을 이해하지 못했고, 자신이 직원들을 응원하는 치어리더에 지나지 않는다는 다소 불편한 느낌을 지울 수 없었다고 고백했다. 그가 느낀 불편함은 지극히 당연한 감정이다. 그의 경험담은 디지털 전환 과정에서 필요한 최고경영자의 역할에 대한 중요한 통찰을 제공한다. 바로 최고 경영자가 조직과 소통하고 조직에 활력을 불어넣어야 한다는 점이다.

"소통은 리더라면 누구나 갖출 수 있는 가장 중요한 기술이다." 버진Virgin의 리처드 브랜슨Richard Branson은 소통에 대해 이렇게 밝혔다.[96] 이해관계자와의 효과적인 의사소통은 언제나 중요하게 여겨졌지만, 브랜슨의 발언은 기업의 디지털 전환을 이끌어야 하는 기업 리더들에게 위기의식을 안겨주고 있다. 디지털 전환은 조직에 집단적인 공포와 불만, 의심을 초래하고 큰 파장을 불러일으킬 수 있기 때문이다.

최고경영자와 다른 리더들은 새로운 방향성에 대한 흔들림 없는 믿음을 보여주고 전파하여 조직 내에 팽배한 공포심을 무너뜨려야 한다. 효과적으로 의사소통하면 가능한 일이다.

발전과 성공을 이야기하라

우리가 진행한 연구에 따르면, 좋은 의사소통(특히 발전에 대한 소통)은 전환에서 가장 중요한 요소로 인식되곤 한다.

성공한 리더들과 함께 일한 경험에 비춰 보면, 리더들은 끈질기게 성공을 추구하고 집요하게 성공을 주제로 소통한다. 이러한 행동이 적절하게 이뤄지면, 회의적인 직원들을 안심시키고 더불어 조직에 의

욕을 불어넣는 효과를 낼 수 있다. 일반적으로 대기업 직원들은 전환이 효과적으로 이뤄지고 있다는 이야기를 전해 들어야 비로소 체감할 것이다.

물론 리더의 의사소통 방식은 다양하다. 예를 들어, 타운홀town hall 미팅(임직원이 모여 자유롭게 토론하며 사내 문제의 해결책을 모색하는 공개회의 방식 – 옮긴이)은 임직원에게 중요한 발표를 할 때 유용하다. 중요한 전환 단계를 완수한 후, 이메일로 진행 상황을 알리는 것도 도움이 될 수 있다. 하지만 과유불급이라는 말이 있듯, 지나치게 흥분된 메시지를 담은 이메일과 차트, 업데이트 등이 반복적으로 전달되면 지루하게 받아들여질 수 있다.

리더들은 투자자, 잠재 지원자, 주주 등 다른 이해관계자와 자주 소통하는 방법을 익혀야 한다. 모든 디지털 변화와 새로 시작한 비즈니스, 신입사원 모집과 지금까지 절감한 비용을 알려주기 위해 순회 연설을 시작할 수도 있다. 사실 대외적인 소통은 사내 소통을 위한 효과적인 방법이 될 수 있다.

아커 그룹의 회장 겸 CEO인 외위빈드 에릭센Øyvind Eriksen은 다음과 같이 말했다. "내부적으로 헌신을 강화하는 가장 효율적인 방법은 대외적으로 헌신을 보여주는 것임을 알게 됐다. 우리 아커 그룹은 업계의 통상적인 관행과는 다른 방식으로 공유하고 협력하고 싶어 한다는 뜻을 공개적으로 밝혔다. 우리 직원들은 이를 매우 고무적인 메시지로 받아들였다."

디지털 전환 성공 요인

리더십 의사소통[97]

"리더가 조직 전체에 진행 상황을 광범위하게 전달했다."

설문조사 결과,
전환에 성공한 기업의 응답자들은
다른 기업의 응답자들보다
위 문장에 동의할 가능성이 **8배** 더 높은 것으로 나타났다.

"리더가 개인에게 미치는 영향을 투명하게 밝혔다."

설문조사 결과,
전환에 성공한 기업의 응답자들은
다른 기업의 응답자들보다
위 문장에 동의할 가능성이 **4.4배** 더 높은 것으로 나타났다.

**"리더가 전환 목표를 중심으로 조직을 재정비하기 위해
일관된 일관된 메시지를 전했다."**

설문조사 결과,
전환에 성공한 기업의 응답자들은
다른 기업의 응답자들보다
위 문장에 동의할 가능성이 **3.8배** 더 높은 것으로 나타났다.

롤 모델링의 힘

행동이 말보다 강하다는 말이 있다. 디지털 전환에서는 특히 그러하다. 말과 행동이 일치하지 않는다면 제아무리 화려한 미사어구와 언변을 내세워 적극적으로 소통한들 사람들의 마음을 얻을 수 없다.

연구에 따르면, 리더들의 롤 모델링role modeling이 전환의 성공에 영향을 미칠 수 있다는 사실이 명확하게 드러난다. 리더가 직원들이 추구하는 바람직한 행동 변화를 실제 행동으로 보여준다면, 전환에 성공할 가능성이 5.3배나 높아진다.[98]

리더의 솔선수범은 일선에서 직원들을 직접 만나고 트위터에서 공개적으로 팀을 칭찬하는 일보다 훨씬 강력한 영향을 미친다. 만남과

디지털 전환 성공 요인
롤 모델링[99]

"직원들에게 원하는 변화를 리더가 직접 행동으로 보여줬다."

설문조사 결과,
전환에 성공한 기업의 응답자들은
다른 기업의 응답자들보다
위 문장에 동의할 가능성이 **5.3배** 더 높은 것으로 나타났다.

트위터 발언은 모두 나름대로 의미 있는 행동이지만, 냉소주의를 불러일으키거나 효과가 금방 사라지기 쉽다. 리더가 소매를 걷어붙이고 직접 화이트보드에 의제를 적고, 이해되지 않는 사항을 물어보기 위해 전화기를 들어 현장에서 근무하는 직원과 통화하는 등 진정성 있는 모습을 보여주지 않는다면 주변 직원들에게 영감을 줄 수 없을 것이다.

"일반적으로 '롤 모델링'은 가장 중요한 특징이다." 대기업 마지드 알 푸타임의 CEO 알랭 벳자니의 말이다.

"직원들은 경영진이 '말한 대로 실천하는 모습'을 직접 눈으로 목격해야 한다. 그러지 않으면 경영진의 말은 신뢰를 잃게 되고, 직원들에게 미치는 영향력이 제한될 수밖에 없다."

실제로 베자니는 그의 360도 피드백(상사, 동료, 관리자, 심지어는 고객 등을 포함한 관련 이해관계자들이 각 직원을 평가하는 인사 관리 기법 – 옮긴이) 평가 결과를 팀에게 직접 공유하여 조직 내 투명성을 강화했다.[100]

펩시코에서 CEO를 지낸 인드라 누이는 직원들의 부모에게 편지를 보내 자녀에 대한 고마움을 전했다. 이는 기업 내 관계 구축의 필요성을 강조하기 위한 행동이었다.[101] 차량 예약 회사 카림의 CEO 무다시르 셰이카는 매주 한 시간씩 카림의 옛 고객들에게 전화를 걸어 서비스를 더 이상 이용하지 않는 이유를 물었다. 또 다른 유명한 사례로 아마존이 있다. 설립 초기에 제프 베이조스는 방 문을 작업대로 사용하면서 근검절약의 중요성을 강조했다.[102]

팀을 방문하는 데 시간을 투자하는 것도 비슷한 효과를 낼 수 있다. 한 대형 통신회사의 최고경영자는 매주 애자일 디지털 팀을 방문했다. 직원들이 무엇을 하고 있는지 궁금했던 그는 팀에서 하는 일에 대해 함께 이야기하며 직원들과 시간을 보냈다. 이러한 행동은 팀을 격려할 뿐 아니라 다른 리더들에게도 영감을 줬다. 이제 사내 부서장들도 최고경영자처럼 여러 팀을 둘러보고, 아이디어를 자신들의 팀에 제공한다.

성공에 대한 인식 제고

"의사소통의 주요한 문제는 우리의 이야기를 전달할 때 발생한다. 회사 내부에서는 우리가 하는 업무에 대한 인식이 전반적으로 부족했다. 직원들은 우리가 하는 일이 별로 없거나 뒤처지고 있다고 생각했다. 하지만 둘 다 사실이 아니었다. 우리는 엄청난 진전을 이뤘지만, 정작 직원들은 잘 알지 못했다. 직원들의 인식을 높이고 우리의 이야기를 알리기 위해 '시그널 **Signal**'이라는 연례 혁신 회담에서 'P&G는 생각보다 훨씬 멋져요!'라는 캠페인을 개최했다.

한 예로 P&G 분석가 사라 조반니 **Sara Giovanni**는 출산 휴가를 마치고 회사로 돌아와 쌍둥이 자녀를 위한 기저귀를 디자인했다. 그녀도 여느 엄마들처럼 성능이 떨어지지 않는 유기농 기저귀를 원했다. 그녀는 린 혁신 **Lean Innovation** 원칙을 적용해 대여섯 명으로 구성된 소규모 팀을 꾸려 함께 작업했다. 보통 상품 개발에

F. D. 와일더

P&G 글로벌시장 전략 · 혁신 부문 전 수석 부사장

만 3년에서 5년이 걸리는데 그녀의 팀은 18개월 만에 팸퍼스 퓨어 **Pampers Pure**를 개발했다. 사라는 P&G의 지식 공유 플랫폼인 '가장 빨리 배우는 자가 승자'에 자신의 경험을 공유했다. 그녀의 이야기는 P&G에 무엇이 필요하고 무엇을 할 수 있는지 보여주면서, 수천 뷰의 조회수를 기록했다."

말과 행동으로 직원의 인식을 형성하는 최고경영자의 영향력에 의심이 든다면, 마이크로소프트의 CEO 나델라의 리더십을 떠올려보자. 그는 '공감하는 리더십'을 장려하는 풍조를 확립했고, 경청과 협동의 중요성을 강조한다.[103] 한 회사 관계자는 나델라의 리더십에 대해 다음과 같이 말했다.

"나델라를 직접 만나보면 그의 관심과 겸손, 남에게 귀 기울이는 모습에 감명을 받게 된다. 그의 리더십 덕분에 마이크로소프트에 대해 다르게 생각하지 않을 수 없다."

우리가 생각해야 할 것들

- 최고경영자와 리더들은 새로운 방향에 대해 흔들리지 않는 믿음을 널리 보여주고 가능한 한 정보와와 의사결정을 명확하게 전달함으로써 전환에 따른 직원들의 공포심에 맞서야 한다.
- 성공을 추구하고 그에 대해 집요하게 소통해야 한다.
- 리더의 모든 말과 행동은 모든 직원에게 노출된다. 따라서 가장 중요한 의사소통 방식은 리더의 솔선수범, 즉 롤 모델링이다.

18

끼끼끼끼끼끼끼끼끼끼끼끼끼끼끼끼끼끼끼끼끼끼끼끼

끝까지 전환을 이뤄낼
준비가 됐는가?

_____ 전환을 달성하려면 초기에 추진력을 얻어야
한다. 하지만 변화를 지속하는 과정에서 수많은 우여곡절을 겪게 될 것이다.

영국의 장거리 달리기 선수 로저 배니스터Roger Bannister는 1954년에
열린 1마일(1.6킬로미터) 경주에서 마의 4분 벽을 깨며 신기록을 세웠
다. 그는 당시 다리가 아무 저항을 받지 않는 것처럼 가볍게 느껴졌다
고 회상했다.104 마치 트랙 위를 나는 것만 같았다고 한다.

바람을 등에 업고 추진력을 발휘해 앞으로 나아가는 것은 디지털
전환을 지속하는 데 매우 중요한 요소로 작용한다. 전환이 이뤄지기
까지는 아주 오랜 시일이 걸리기 때문이다.

예를 들어, 회사 매출의 상당 부분을 온라인으로 신속하게 전환할
수 있더라도 콜센터나 소매점에서 발생하는 사업 비용은 크게 절감하
지 못할 것이다. 마찬가지로 기존 IT 시스템을 현대화하려면 정말 답

답할 정도로 오랜 시일이 소요된다.

기업 리더들은 하나같이 소요 일정을 과소평가하는 경향이 있다. 일정을 너무 빡빡하게 잡으면 약 12~18개월 후에 심리적 압박으로 이어져 아예 전환을 중단시키거나 규모를 크게 축소해야 할 수도 있다.

한 글로벌 설문조사에서 고위 임원의 87%가 2년 이내에 재정적으로 성과를 내야 한다는 압박감에 시달리고 있다고 답했다.[105] 전환 프로그램이 도입된 지 1년도 채 지나지 않아 관련 예산이 50%나 삭감된 사례는 어렵지 않게 찾을 수 있다.

그렇다고 이해관계자들에게 그저 인내해달라고 촉구하는 것만으로는 문제를 해결할 수 없다. 디지털 전환에 성공하려면 장기간에 걸쳐 노력을 기울이는 게 맞다. 하지만 최고경영자는 진전을 끌어내기 위해 조바심을 내야 한다. 언제나 진행을 늦추는 걸림돌이 없는지 세심히 살펴야 한다.

걸림돌 중에는 익히 알려진 것도 있다. 예를 들어, 조달 부서에서 전통적인 승인 프로세스를 고수하면 민첩하게 움직여야 하는 애자일 팀의 발목을 잡는 결과로 이어질 수 있다. 반면에 알아차리기 어렵고 해결하기 까다로운 걸림돌도 있다. 이러한 문제들을 무시하면 시스템 내에서 상당한 저항에 부딪힐 수 있고, 전환이 크게 지체될 수 있다.

수동적 저항을
해결하라

애자일 팀에서 일할 기회를 흥미진진하게 받아들이는 사람이 많지만, 그리 달가워하지 않는 사람도 있다. 특히 관리직을 맡은 사람들은 변화를 두려워하거나, 자신들의 일자리가 사라지는 모습을 지켜봐야 하기 때문에 변화를 거부한다. 그들의 두려움은 종종 현실이 된다. 한때 모든 코딩 작업을 아웃소싱한 후 수십 명의 인력으로 작업 과정을 관리했던 기업이 이제는 소규모 팀을 꾸려 직접 코드를 빠르게 작성하고 테스트하고 출시하는 과정을 반복할 수 있으므로 더 이상 많은 관리자를 필요로 하지 않을 것이다.

한 대형 은행의 전직 임원은 IT 조직의 많은 직원이 새로운 환경에서 충분한 가치를 창출하지 못할 것이라는 사실이 전환에 돌입한 직후에 더욱 분명하게 드러났다며 당시 상황을 이렇게 설명했다. "실제로 코딩을 하는 사람보다 코딩에 대해 이야기하는 사람이 더 많았다."

미래에 대한 우려는 종종 수동적 저항으로 이어진다. 이러한 흐름을 꺾으려면 기업뿐 아니라 직원들에게 이익이 될 수 있는 변화에 집중해야 한다. 즉 애자일 교육 과정을 구축하고 새로운 이니셔티브에 애자일 업무방식을 반영하라고 요구하는 것이다. 그로 인한 이점은 머지않아 애자일 팀에서 일하는 직원들에게 전달될 것이다. 그들은 제법 많은 자율성을 누리고, 빠른 시일 안에 결과물을 내서 성과를 인정받으며, 자신의 역량을 개발할 기회도 얻는다. (이 주제에 대한 자세한 내용은 '7장. 애자일 문화의 확산을 위해 무엇이 필요한가?' 참조.)

　　새로운 업무방식으로 전환할 수 없거나 전환하지 않을 직원, 또는 새로운 직무를 맡는 데 필요한 재교육을 받을 수 없는 직원 등을 어떻게 관리할지를 두고 의사결정이 신속하게 이뤄져야 한다. 기업이 머뭇거릴수록 전환은 지지부진해진다. 목표는 애자일 팀에서 일하는 모든 직원이 가치를 창출하여 조직이 앞으로 나아갈 수 있도록 만드는 것이다.

전환에 따른
피로감을 극복하라

　　　　　　　　　　　　　집중력을 유지하기는 쉽지 않다. 직원들이 집중력과 흥미를 잃기 시작하면서 초창기에 나타난 전환을 향한 열정은 점차 사그라든다. 특히 일이 잘 풀리지 않으면 전환 초기를 빛냈던 체계적인 규칙과 노력도 시들해질 수밖에 없다. 그리고 전환을 진행하다 보면 우여곡절을 겪기 마련이므로 리더들은 전환에 따른 피로감을 경계해야 한다.

　　지지부진한 상태는 여러 징후로 나타난다. 예를 들어, 처음에는 다른 기업들의 업무 현장을 매주 방문했지만, 점차 방문 횟수가 매월 한 번으로 바뀌더니 매 분기 한 번으로 줄어든다. 마찬가지로 처음에는 진행 상황을 매주 검토했지만, 점차 검토 횟수가 매월 한 번으로 바뀌거나 일정 조정이 잦아진다. 디지털 이니셔티브에 대한 보고서 내용도 전보다 구체적이지 않다. 최고경영자는 점차 디지털 관련 주제를 이사회에 안건으로 상정하지 않거나 미루기 시작한다.

리더들은 이러한 징후들을 주시하고, 필요하다면 언제라도 개입할 수 있도록 준비해야 한다. 한 가지 효과적인 방법은 6개월마다 한 걸음 뒤로 물러서서 일이 어떻게 진행되고 있는지 살펴보는 것이다. 1만 마일을 주행할 때마다 한 번씩 자동차 정기 검사를 받는 것과 같다. 무엇을 고쳐야 하는지 알아내기 위해 전환을 새로운 시각에서 객관적으로 바라볼 기회를 스스로에게 제공하는 것이다.

기본으로 돌아가는 것만으로 문제가 해결될 때도 있다. 유럽의 한 통신회사는 여러 검토를 마친 후 초창기의 방식으로 돌아갔다. 매일 팀원들이 각자 맡은 일을 보고하는 스탠드업 회의를 되살렸으며, 진행 상황을 상세하게 보고하고 진전을 위한 책임자를 분명히 정하도록 했다. 최고경영자도 일주일에 한 번 이상 디지털 부서를 방문하는 데 전념했다.

한편 훨씬 급진적인 조치가 필요한 때도 있다. 한 대형 유통업체는 전환에 돌입한 지 1년이 넘었지만, 여전히 온라인 매출 감소를 막아내지 못하고 있었다. 여러 경영진이 변화를 주도하려 애썼지만, 성과는 지지부진했다. 최고경영자는 조직 외부에서 새로운 최고디지털책임자를 고용해야 할 때라고 판단했다. 새로 영입한 최고디지털책임자는 들어온 지 이틀 만에 비효율적인 마케팅 지출을 줄이고 모든 활동의 투자수익률을 조사했다. 그리고 검색어를 최적화하여 더 많은 고객을 웹 사이트로 끌어오기 시작했고, 20가지 특정 디지털 직무를 맡을 인재들을 찾아 나섰다.

성공적인 전환을 위한 티핑포인트106

10% '흔들림 없는 믿음'을 가진 직원들의 비율

자금을
확보하라

일반적으로 자금 확보는 자금의 용
도를 지정하는 식으로 이뤄진다. 다시 말해, 지정한 자금을 제외한 후
표준 예산 편성 절차를 진행한다. 하지만 이렇게 자금의 용도를 지정
하더라도 상황이 어려워지면 얼마든지 이 자금에 눈독을 들일 수 있
다. 자금을 안전하게 확보하려면 다음과 같이 대응하는 것이 좋다.

- **명시적으로 최고경영진과 이사회의 승인을 얻는다.** 디지털 전환
  을 끝까지 이끌어가려면 이사회와 최고경영진 전원의 지지를 얻

어야 한다. 장기 계획안에도 예상되는 편익을 뚜렷하게 기재해야 한다. 이렇게 하면 전환을 완수하는 것 외에는 약속한 가치를 제공할 다른 방안이 없으므로 전환 도중에 계획을 그만두기가 훨씬 어려워질 것이다.

그럼에도 시간이 지나면서 경영진과 이사회가 확신을 잃을 수도 있으므로, 그들에게 지속적으로 진행 상황을 알리고 관심을 높여야 한다. 임직원이 생각하기에 전환의 효과가 없다면 확보한 자원을 지켜 내기 어려울 것이다. 그러므로 진전을 보이는 모든 징후를 가리키며 끊임없이 소통해야 한다.(의사소통에 대한 자세한 내용은 '17장. 직원들에게 의미 있는 방식으로 소통하고 있는가?' 참조.)

- **투명한 거버넌스 프로세스를 구축해 자금을 신속하게 지원한다.**
  자금을 확보했대도 막상 자금을 써야 할 때 악몽 같은 관료주의에 가로막혀 전반적인 전환 과정이 늦춰지기 쉽다. 이러한 흐름을 뒤집어야 한다. 그러기 위해 벤처 투자가들이 거치는 프로세스를 따라 하는 것도 유용할 수 있다.
  벤처 캐피털 유형의 프로세스는 엄격한 기준을 충족한 경우에만 자금을 지원한다. 기준을 충족하지 못한 경우, 자금은 더 가치 있는 다른 이니셔티브에 재배정된다. 기준을 충족하면 더 많은 자금 지원이 보장된다. 이 유동적이고 역동적인 지원 프로세스는 애자일한 조직의 구축을 지원하기 위해 설계된 것으로, 전환 자금을 확보할 때뿐 아니라 유망한 이니셔티브에 자금을 신속하게 투입할 때에도 도움이 된다.

이러한 프로세스가 잘 작동하도록 만드는 한 가지 방법은 전환 자문위원회(이사진, 최고경영자, 시장 이해도가 높은 전문가 등으로 구성된 소규모 그룹)를 설립해 정기적으로 회의를 개최하는 것이다. 위원들에게는 일정에 맞게 일이 진행됐는지 확인하고, 필요한 자금을 지원하고, 빠른 의사결정을 내리는 권한이 부여된다. 일반적으로 이사회가 자금 지원을 위해 진행하는 검토 프로세스는 매우 복잡한데, 별도의 전환 자문위원회를 설립하면 이사회의 검토 프로세스에서 벗어날 수 있어 유용하다. (애자일 예산 편성에 대한 자세한 내용은 '7장. 애자일 문화의 확산을 위해 무엇이 필요한가?' 참조.)

디지털 전환 성공 요인

핵심성과지표 모니터링[107]

> **"우리 회사는 이니셔티브 구현으로 원하는 성과를 내기 위해 핵심성과지표를 면밀히 모니터링했다."**

설문조사 결과,
전환에 성공한 기업의 응답자들은
다른 기업의 응답자들보다
위 문장에 동의할 가능성이 **4배** 더 높은 것으로 나타났다.

장기적인 성공을 좌우할
지표를 측정하라

결과를 내는 데 조급하다면 성과지표를 마련할 필요가 있다. 맥킨지의 조사에 따르면 전환에 성공했다고 보고한 응답자의 51%가 핵심성과지표를 모니터링한다고 답한 반면 전환에 성공하지 못한 것으로 여겨지는 기업의 응답자 중에는 13%만이 그렇다고 답했다.

여러 지표 중에서 어떤 성과지표를 추적할지가 관건이다. 우리가 진행한 연구에 따르면 대부분의 프로그램이 성과지표를 마구 양산하고 있으며, 그중에서 실제로 사용되는 지표는 30%도 채 되지 않는다.[108]

성과지표는 전환을 통해 궁극적으로 달성하고 싶은 목표에 중점을 둬야 한다. 예를 들어, 전환 초기에 금전적인 이익을 얻는 데만 집중하면 수많은 실패를 낳을 이니셔티브를 계획하게 될 것이다. 단기적 성과보다는 미래의 성장과 장기적 가치를 측정하는 새로운 성과지표를 따라야 한다.

프랑스의 에너지 관리 기업 슈나이더일렉트릭**Schneider Electric**은 디지털 전환을 시작했을 때 먼저 소득 창출 대신 사물인터넷을 장착한 제품과 장치의 수를 늘리는 데 집중했다.

슈나이더일렉트릭의 최고전략책임자 에마뉘엘 라갸히그**Emmanuel Lagarrigue**는 회사의 결정에 대해 다음과 같이 평가했다.

"무조건 된다는 믿음으로 내린 결정이었다. 하지만 전통적인 지표를 기준으로 새로운 프로젝트의 잠재력을 판단했다면 아무것도 시작할 수 없었을 것이다. 대신 다른 지표에 초점을 맞춰 직원들을 설득함으로써 전환을 촉진할 수 있었다. 이제 우리는 관리 자산에 연결된 장치의 개수를 새로운 핵심성과지표로 삼고, 이를 근거로 더욱 힘든 도전을 마주할 준비가 됐다. 다음 단계는 금전적인 지표가 될 것이다."

행동과 속도의 변화를 추구하는 미래 성장을 모니터링하기 위해 추적할 수 있는 지표는 다음과 같다.

- 고객 중심(고객만족도 점수)
- 사용량(플랫폼에 애플리케이션을 생성하는 개발자 수)
- 애질리티(아이디어를 최소기능제품으로 만드는 데 소요되는 시간)
- 출시 기간은 얼마나 신속하게 새로운 제품과 서비스, 비즈니스 모

디지털 전환 성공 요인

장기 지속 가능성 계획109

"장기적으로 변화를 지속하기 위해 첫날부터 계획에 착수한다."

설문조사 결과,
전환에 성공한 기업의 응답자들은
다른 기업의 응답자들보다
위 문장에 동의할 가능성이 **3배** 더 높은 것으로 나타났다.

델을 만들고, 비즈니스 운영 방식을 변경할 수 있는지 추적한다. 출시 속도가 빨라질수록 올바른 방향으로 나아가고 있다는 뜻이다.

• 사내 수용(새로운 작업 방식으로 전환한 직원들의 비율)

장단기 성공의
균형을 찾아라

전환에서 단기적인 성공이 중요하다는 사실은 아무리 강조해도 지나침이 없다. 비효율적인 프로세스에서 발생하는 비용을 절감하고, 성장 가능성이 있는 분야에 주로 자금을 배정하는 데 집중한다면 몇 주 또는 며칠 만에도 수백만 달러를 벌 수 있다(자세한 내용은 '5장. 훌륭한 기업은 어떤 모습인가?' 참조). 이는 장기적인 이니셔티브에 힘을 실어줄 뿐 아니라 기업에 활기를 불어넣고 경영진의 지지를 공고히 다지는 계기가 된다.

장기적으로 투자 손실이 나더라도 우선 단기적인 성과에 집중하고 싶은 유혹에 빠질 수 있다. 하지만 이러한 실수를 저지르지 않도록 주의해야 한다. 단기적인 성공도 중요하지만, 디지털 전환에 성공한 기업들은 그렇지 않은 기업들보다 장기적으로 변화를 지속하는 계획을 구상할 가능성이 세 배 더 높다.[110]

IT 아키텍처 리뉴얼, 새로운 제품 출시 같은 장기 투자가 성과를 내려면 12개월 이상이 소요될 수 있다. 하지만 이는 디지털 방식으로 경

성공을 위해 과감한 조치를 취한 기존 디지털 기업[111]

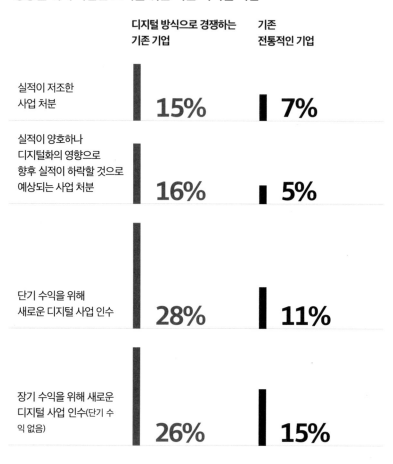

	디지털 방식으로 경쟁하는 기존 기업	기존 전통적인 기업
실적이 저조한 사업 처분	**15%**	**7%**
실적이 양호하나 디지털화의 영향으로 향후 실적이 하락할 것으로 예상되는 사업 처분	**16%**	**5%**
단기 수익을 위해 새로운 디지털 사업 인수	**28%**	**11%**
장기 수익을 위해 새로운 디지털 사업 인수(단기 수익 없음)	**26%**	**15%**

쟁하려는 기존 기업들에서 나타나는 특징이다. 연구에 따르면, 이러한 기업들은 장기적인 큰 변화를 일으키는 데 다른 전통적인 기업들보다 훨씬 많은 금액을 투자한다. 예를 들어, 새로운 디지털 비즈니스 모

델을 수립하고 디지털 비즈니스를 시작하고, 성과가 저조하거나 가망이 없는 사업을 좀 더 과감하게 처분한다. 대규모 투자가 가져오는 변화는 불확실하다. 그렇지만 기업에 투자는 빠져서는 안 될 필수 요소이다. 맥킨지가 조사한 기업 중에서 장기 성장에 초점을 맞춘 기업들은 그러지 않은 기업들보다 평균 매출과 수익 증가율이 각각 47%와 36% 높게 나타났다는 점을 기억하자.[112]

경기 침체기의 디지털 전환

디지털 전환이 장기간에 걸쳐 진행된다는 점에서, 기업 리더들은 경기 침체기를 대비해야 한다. 침체기에 디지털 전환을 추진한 사례는 아직 많지 않지만, 우리는 지난 불황에서 세 가지 교훈을 얻을 수 있다.

- **확장성이 가장 뛰어난 비즈니스 프로세스를 디지털화하라.** 이를 실현하려면 최고의 인력을 재배치하고 디지털화를 지원하는 데 필요한 디지털과 데이터 역량을 구축해야 한다.

- **실적이 저조한 프로그램이나 비즈니스를 줄여 전환 속도를 높여라.** 맥킨지의 분석에 따르면 지난 미국의 경기 침체기에 실적이

저조한 사업이나 이니셔티브를 과감히 처분한 기업이 다른 동종 업계 기업보다 좋은 성과를 냈다.[113]

- **자산을 인수하라.** 좋은 자산을 훨씬 저렴하게 인수할 기회가 올 것이다. 맥킨지가 수집한 자료에 따르면 최고의 실적을 낸 기업들은 좋은 자산을 공격적으로 인수하면서 침체기에서 벗어났다.[114] 필요한 인수 자금을 확보하려면 재무 건전성을 개선하는 것이 관건이다.

전환을 앞당길 의지와 관리 능력이 있는 기업은 보다 효과적이고 효율적이며 우수한 운영 모델을 개발할 것이다. 운영 모델은 경기 침체기에 매우 중요한 자산이 된다.

장기적인 성공에 투자하라

"우리는 한때 성장만이 진정한 성공의 증거라고 믿었다. 돈이 거의 없었던 초기 2~3년 동안은 정말 그랬다. 하지만 회사가 성장하고 많은 돈을 벌어들이기 시작하면서 우리가 역량보다는 성장 자체에 돈을 쓰고 있음을 깨달았다. 성장은 달콤한 마약 같았다. 예를 들면, 고객 기반을 확대하기 위해 시장에 무료 승차권을 마구 뿌리기도 했다. 나는 궁극적으로 고객경험이 성장을 견인한다는 사실을 깨달았다. 우리는 고객경험에 투자해야 했다.

무다시르 셰이카
카림 공동 창업자 겸 CEO

경험 주도의 성장을 달성하려면 오랜 시간을 들여야 한다. 카림은 자본이 넘치는 지역에 기반을 두고 있어서 경쟁업체가 가격을 60% 인하하면 대응하기가 쉽지 않다. 하지만 우리는 고객경험의 중요성을 믿고 더 나은 서비스에 전념하고 있기에, 가격 경쟁에 따른 어려움도 잘 헤쳐나갈 수 있다고 본다."

- 전환에 따른 피로감으로 전환 과정이 서서히 차질을 빚을 수 있다. 정기적인 검토를 통해 새로운 관점에서 진행 상황을 파악하고 개입 여부를 결정해야 한다.
- 직원들이 전환을 지지하지 않으면 수동적 저항이 발생할 것이다. 직원들에게 실질적인 교육과 성장 기회를 제공해야 한다.
- 투명한 거버넌스 프로세스를 구축해 과도한 갈등이나 조정 없이 이니셔티브에 필요한 자금을 지원하도록 한다.
- 조직 내 몰입도를 유지할 수 있도록 재무 지표보다는 시장 출시 기간 같은 주요 성과지표를 수립해 사용한다.
- 디지털 전환을 달성하려면 꾸준한 성공이 이어져야 한다. 이를 위해서는 장단기적으로 균형 잡힌 이니셔티브 포트폴리오를 갖춰야 한다.
- 경기 침체기에 기업들은 확장성이 가장 뛰어난 프로세스를 디지털화하고 자산을 더욱 저렴한 가격에 인수함으로써 경쟁업체보다 앞서나갈 기회를 거머쥘 수 있다.

무엇을 얼마나 배웠는가?

급변하는 세상을 따라잡기 위해서는 지속적인 학습을 자기계발의 일환으로 삼아야 한다. 이 책에서 우리는 조직 전체에 학습 DNA를 심어야 할 필요성을 논했다. 적응형 학습 조직은 적응형 학습 직원으로 채워져야 하며, 여기에는 조직의 리더도 포함된다.

배우려는 의지는 바람직하다. 하지만 최고경영자에게는 학습할 시간을 내는 노력 자체가 커다란 도전 과제가 될 수 있다. 하버드 경영대학원 교수 마이클 포터Michael Porter와 학과장 니틴 노리아Nitin Nohria가 지난 12년 동안 최고경영자의 시간 관리를 연구한 결과, 최고경영자들이 전자기기를 통한 의사소통에 근무 시간의 평균 24%를 소비하는 것으로 밝혀졌다.[115]

우리는 다음과 같은 질문을 던지려 한다. 그 모든 시간을 정말 이메일에 쏟을 필요가 있을까? 빡빡한 일정을 정신없이 소화하느라 리더가 가장 흥미로운 관점에 대해 듣고 배울 시간조차 내기 힘들다면, 이는 어려움에 처한 기업의 초기 징후로 볼 수 있다.

그렇다면 저명한 투자자 워런 버핏Warren Buffett에게서 한 수 배워보는 건 어떨까? 그의 달력에는 거의 아무 일정도 적혀 있지 않다.[116] 그는 회의 일정을 잡지 않는다. 모든 것을 가치로 접근하는 그는 돈으로 살 수 없는 유일한 자산인 시간을 가장 소중히 여긴다고 한다. 대부분의 기업 리더들이 버핏처럼 일상적인 업무에서 벗어난 생활을 할 수는 없을 것이다. 하지만 생각할 시간을 갖기 위해 적극적으로 노력하는 리더들도 있다. 리처드 브랜슨은 꿈꾸고 배우는 시간을 능동적으로 마련할 것을 권하기도 했다.

학습할 시간을 내는 것은 리더십의 필수 조건이 돼야 한다. 빌 게이츠Bill Gates는 마이크로소프트의 최고경영자로 있을 때 매년 '생각주간think weeks'을 정해 휴가를 떠나는 것으로 유명했으며, 최고경영자 자리에서 물러난 후에도 생각할 시간을 계속 마련했다. 그는 연구 논문과 책을 한 아름 안고서 태평양 연안 북서부의 한 외딴 오두막집으로 건너가 휴가를 보낸다. 하루에 두 번 관리인이 와서 간단한 식사를 제공할 뿐, 그는 대부분의 시간을 홀로 보내며 책을 읽고 생각을 정리한다. 그는 '생각주간'을 일상에서 벗어나는 동시에 집중이 필요한 주제에 깊이 몰두할 기회로 삼는다. 최근에는 블로그 독자들에게 의미 있는 책을 여러 권 공유하고 매년 여름에 읽을 만한 책 목록을 소개하고 있다.

호기심은 이러한 학습 마인드셋을 좌우하는 중요한 요소이다. 실제로 새로운 아이디어와 솔루션과 직결되기 때문에 호기심은 기업 리더들에게 중요한 특성으로 부각되고 있다. 행동과학자이자 하버드 경영대학원 교수인 프란체스카 기노Francesca Gino가 진행한 호기심의 영향력 연구에서, 호기심은 의사결정 오류를 줄이고 협업과 성과를 개선하는 데 대단히 효과적인 것으로 나타났다.[117]

아마존은 이러한 발상에 기반을 두고 있다. "우리 고객들의 니즈는 계속해서 진화하고 성장한다. 따라서 지속적인 학습은 모든 아마존 직원들에게 요구되는 필수 요소이다. 우리는 이러한 취지를 '배우고 호기심을 가져라Learn and Be Curious'라는 아마존의 리더십 원칙에 반영했다." 아마존 인사 책임자 베스 갈레티의 말이다. "배움에는 끝이 없기에 리더들은 늘 자기계발을 멈추지 않는다. 그들은 새로운 가능성에 호기심을 품고, 그것을 탐구하기 위해 행동한다. 전에 없던 새로운 일을 자주 시도하는 우리에게 이 원칙은 매우 중요하다. 그런데 호기심을 가르쳐줄 전문가도, 따라 할 해설서도 없는 경우가 많다. 우리는 직원들이 새로운 것을 시도하고 그 과정에서 배울 수 있도록 힘을 실어준다."

기술을 갖추려면 특히 학습 의지와 노력이 중요하다. 최고경영자와 최고재무책임자, 최고전략책임자와 기타 경영진이 최고정보책임자에게만 기술 업무를 맡기는 방안은 더 이상 현실적이지 않다. 기술은 진정한 디지털 전환을 이루는 구성요소이자 비즈니스 전략과 핵심 운영을 이루는 핵심 요소이기도 하다.[118] 경영진은 재무 같은 주제에 더 친숙하겠지만, 이제 기술에도 그만큼 익숙해져야 한다.

노키아Nokia 회장 리스토 실라즈마Risto Siilasmaa는 인공지능과 머신러닝 같은 중요한 분야를 더 잘 관리하고 제대로 이해하고 싶은 마음에 두 팔을 걷어붙이고 학습 여정을 설계하고 직접 실행에 나섰다. 그는 인공지능 선구자인 앤드루 응Andrew Ng의 온라인 강좌를 시작으로 총 네 개 강좌를 수강했고, 머신러닝 아키텍처와 알고리즘에 관한 여러 서적과 연구 논문, 기사를 읽었다. 이제 실라즈마는 인공지능과 머신러닝을 주제로 강의를 할 수 있을 정도로 자신감이 흘러넘친다. 그는 개인적으로 만족하는 수준을 넘어, 회사에서 비중이 커지고 있는 분야의 진정한 전문가로 거듭났다.

우리는 이 책에서 언급된 디지털 리더들이 스스로 알아냈거나 본능적으로 알고 있는 것에서 교훈을 얻을 수 있다. 거의 모든 분야에서 학습과 적응 능력은 발전을 위해 선행돼야 하는 필수 조건이다. 이 책에서는 빠르고 획기적으로 조직의 신진대사를 촉진할 필요성부터 인재 채용과 개발에 대한 새로운 접근법, 디지털 전환에 어울리도록 조정한 전략과 운영 모델에 이르기까지 다양한 주제를 다뤘다. 모든 주제는 적응형 학습 역량을 갖춘 상태에 기반하고 있다.

파괴가 일반적인 기술 주도의 세계에서, 적응형 학습은 승리하는 방법이다. 학습을 통한 새로운 통찰이 리뉴얼과 재창조를 이끌어낼 기회를 제공하기 때문이다. 디지털 조직은 협업과 우연성의 힘을 독려하기 위해 전통적인 사무실 공간을 버리고 완전히 색다른 업무 환경을 조성했다. 직원들을 작고 민첩한 팀으로 조직하고, 디지털 인재들에게 의사결정 권한과 경력을 쌓을 기회도 제공한다. 이러한 변화는 계속적이고 종신 재직권 중심의 기업에서는 상상조차 할 수 없었던 일이다.

> **"리더십과 학습은 떼어놓고 생각할 수 없다."**
>
> _존 F. 케네디 John F. Kennedy
> **미국 대통령**

적응형 학습의 중요성을 강조한다고 해서 반드시 조직에 동기를 부여할 수 있는 것은 아니다. 본질적으로 개인의 커리어와 인생을 통틀어 늘 성장하고 발전하는 능력에서 발휘되는 적응형 학습은 우리의 삶을 더욱 풍요롭게 하고 디지털 전환을 차질 없이 달성하게 해줄 것이다.

즐거운 여정을 보내길 바란다.

지금 우리에게 가장 중요한 것들

새로운 관점에서 바라보자

아룬 아로라
Arun Arora

오퍼레이터

최근 우리 부부는 두 아이를 데리고 이집트로 여행을 떠났다. 우리는 훌륭한 가이드의 도움을 받아 기자Giza 지역의 피라미드와 룩소르Luxor 지역의 세티1세Seti I 무덤을 비롯해 이집트 전역의 중요한 유적지를 둘러볼 수 있었다. 이번 여행은 우리 모두에게 인상적이었는데, 특히 열두 살과 열 살인 아이들에게는 완전히 새로운 역사의 한 조각을 접하는 특별한 계기가 됐다. 아이들의 세계관은 느닷없이 급진적으로 확장됐다.

나는 아이들이 새로운 통찰을 얻으면서 세상에 대한 이해를 넓히고 감탄하는 순간을 지켜봤다. 이러한 변화는 내가 직장에서 진심으로 경험하고 싶어 하는 것이기도 하다. 아마 다른 직원들도 나처럼 간절히 바라고 있을 것이다. 내가 직장에서 쌓은 최고의 경험은 배움과 노력, 실패를 거쳐 처음부터 다시 시작하는 과정이었다. 새로운 관점을 받아들이는 개방성은 발전을 가능하게 하고 성공적인 전환이 느닷없이 일어나게 해준다.

나는 정말 운 좋게도 직장과 가정에서 배움의 기회를 얻을 수 있었다. 아내는 내 업무 강도가 심해질 때나 이 책을 작업할 때도 변함없이 나를 지지해줬고, 아이들은 새로운 관점에서 상황을 바라보는 능력의 중요성을 계속해서 일깨워줬다.

전환의 여정에 나선 최고경영자들에게 한 가지 조언을 하고 싶다. 자기 자신과 팀, 그리고 궁극적으로 조직을 위해 가능한 한 많은 배움의 기회를 만들어야 디지털 전환에 성공할 수 있다. 꼭 명심하기 바란다.

모든 직원이 중요하지만 팀이 가장 중요하다

나는 포뮬러 원의 열렬한 팬이다. 그중에서도 스쿠데리아 페라리Scuderia Ferrari 팀을 가장 좋아한다. 레이스의 열기가 무르익을 즈음,

페라리 피트 크루pit crew(경기 중 간이 정비소인 '피
트'에서 차량을 보수하고 타이어를 교체하는 작업을 수행하
는 정비 팀-옮긴이)는 2초도 채 지나기 전에 타이
어 전체를 교체하는 놀라운 솜씨를 발휘한다. 물
론 차축, 바퀴 고정 나사, 충격 렌치 등의 디자인
과 성능이 5년 전과 비교할 수 없을 정도로 크게
향상된 것도 작업에 도움이 된다. 또한, 페라리

피터 댈스트롬
Peter Dahlstrom

크리에이터

엔지니어들은 페라리 차량이 피트에 잠시 정차할 때마다 엄청난 양의
데이터를 수집하고, 그 데이터를 활용해 정비 과정에 소요되는 시간
을 몇 분의 1초 단위로 계속해서 줄여나간다.

이처럼 분석과 기술도 중요하지만, 개선을 이끄는 원동력은 꼼꼼하
게 조율된 팀워크에서 나온다. 최대 스무 명의 정비사로 구성된 피트
크루는 각자의 업무에 집중하면서도 원활하게 협업한다. 그들은 본능
적으로 조화를 이루며 각자의 업무를 완벽하게 수행할 수 있을 때까
지 끊임없이 공장에서든 피드에서든 훈련을 반복한다.

최고경영진이 디지털 전환에 나설 때 한 가지 명심해야 할 점이 있
다. 바로 팀원들이 조직의 큰 목표와 각자의 역할을 이해할 수 있도
록 피트 크루의 리더처럼 팀워크를 완벽하게 조율해야 한다는 점이
다. 기술과 데이터도 중요하지만, 결국 디지털 전환의 성공은 현장에
서 활동하는 팀의 역량과 훈련, 태도에 달려 있다. 이 점이 가장 중요
하다.

끊임없는 학습 여정

클레멘스 하르타르
Klemens Hjartar

기술 전문가

나는 어렸을 때부터 '테키techie(기술 전문가 또는 기술에 열광하는 마니아 – 옮긴이)'였다. 기술의 원리를 이해하는 게 재미있고 신기해서 아버지가 차를 수리하실 때마다 몇 시간이고 곁에서 구경하며 함께 시간을 보내곤 했다. 그 후에 출시된 매킨토시 컴퓨터는 내 인생을 송두리째 바꿔놨다. 나는 기술 전문가가 되어 현재 디지털 선구자들이 있는 세계적인 그룹을 이끌고 있고, 여전히 기술의 원리를 이해하는 데 심취해 있다. 새로 개발된 기술을 파악하고 새로운 아이디어를 받아들이는 데 많은 시간을 보내고 있지만, 변화를 따라잡는 것이 얼마나 어려운 일인지 절실히 느끼고 있다. 아마 나처럼 변화의 빠른 속도에 충격을 받은 사람들이 많을 것이다.

이러한 현실은 가장 빨리 배우는 사람이 승리한다는 현시대의 위대한 진실을 내게 일깨워줬다. 나는 비즈니스 세계에서 더욱 빠르게 학습할 수 있는 방식으로 일하는 것이 매우 중요하다는 사실을 경험으로 터득했다. 이를테면 다양한 팀을 한데 모으거나, 애자일 방식으로 일하거나, 고객 관점을 도입하는 것도 좋은 방법이다.

하지만 끊임없이 앞서나가야 한다는 압박에 시달리다 보면 가족과 직장 동료 등 주변 사람들과 함께 시간을 보내지 못하게 된다. 그렇게 빨리 배우려고 노력하는 세상에서 자칫 잘못하면 자기 자신을 잃어버릴 수도 있다. 정말 고맙게도 우리 가족은 이 중요한 사실을 내게 끊임없이 상기시킨다. 우리는 끊임없는 학습을 진행하는 동시에 우리가 이 여정에 나선 이유와 정말 중요한 것이 무엇인지를 되짚어가며 적절한 균형을 찾아야 한다.

변화와 불변성의 힘

플로리안 완델리치
Florian Wunderlich

비즈니스 빌더

나는 어렸을 때 음악가가 되고 싶었다. 끝내 음악가라는 꿈은 이루지 못했지만, 음악에 대한 열정만큼은 아직도 여전하다. 나는 음악을 듣고, 앨범을 수집하고, 곡을 연주하려고 노력한다. 이러한 행동은 내게 끊임없는 기쁨을 주고 영감의 원천이 된다. 영감은 무엇일까? 음악계에서 온갖 혁신이 일어나거나 양식이 달라질지언정 12음계에서 무한한 변주곡이 탄생한다는 점에는 변함이 없다. 바로 그러한 변화와 불변성의 조합에서 진정한 마법이 펼쳐진다.

최근 들어 이러한 사고방식이 비즈니스 세계에서 어떤 의미를 갖는지 깊이 생각해봤다. 이러한 주제를 처음 떠올린 건 오래전 우리 가족이 운영하던 지역 신문을 내가 직접 관리하게 됐을 때였다. 90년대 중반에는 디지털 기술이 작은 지역 신문이든 글로벌 미디어 기업이든

가릴 것 없이 모든 미디어 사업을 집어삼킬 것만 같았다.

　그로부터 많은 것이 달라졌다. 이제 휴대폰을 확인하거나 컴퓨터를 열면 누구나 기사를 찾아볼 수 있다. 그동안 수많은 기술적 테스트와 학습, 적응 과정을 거치면서 변화가 일어났지만, 그 중심에는 지역 신문이 추구하던 가치가 여전히 남아 있다. 우리에게 감동을 주는 좋은 이야기나 생각은 결코 시대에 뒤떨어지지 않는 법이다. 나는 맥킨지에서 연구하고 이 책을 공동 집필하면서 변화의 필요성을 더욱 분명하게 깨닫게 됐다. 하지만 변화만큼이나 중요한 것은 음악처럼 기업 경영에서도 핵심 가치의 불변성을 이해해야 한다는 점이다.

주

1   Daniel Pacthod, Kevin Sneader, and Anand Swaminathan, "Why Legacy
    Companies Must Reinventor Die", *Fortune*, September 24, 2018, http://fortune.
    com/2018/09/24/business–strategy–technology–mckinsey/.

2   Martin Hirt, "If you're not building an ecosystem, chances are your competitors
    are", McKinsey & Company, June 2018, https://www.mckinsey.com/business–
    functions/strategy–and–corporate–finance/our–insights/the–strategy–and–
    corporate–finance–blog/if–youre–not–building–an–ecosystem–chances–are–your–
    competitors–are.

3   Michael Chui, James Manyika, Mehdi Miremadi, Nicolaus Henke, Rita Chung,
    Pieter Nel, and Sankalp Malhotra, "Notes from the AI Frontier : Applications and
    Value of Deep Learning", McKinsey Global Institute, April 2018, https://www.
    mckinsey.com/featured–insights/artificial–intelligence/notes–from–the–ai–frontier–
    applications–and–value–of–deep–learning.

4   Oliver Fleming, Tim Fountaine, Nicolaus Henke, and Tamim Saleh, "Ten Red Flags
    Signaling Your Analytics Program Will Fail", McKinsey & Company, May 2018,
    https://www.mckinsey.com/business–functions/mckinsey–analytics/our–insights/
    ten–red–flags–signaling–your–analytics–program–will–fail.

5   Jürgen Meffert, Peter Breuer, and Matthias Evers, "Leading in a Disruptive World:
    How Companies Are Reinventing Themselves", McKinsey & Company, March
    2018, https://www.mckinsey.de/publikationen/leading–in–a–disruptive–world/
    how–companies–are–reinventing–themselves; Fred Lambert, "DHL's StreetScooter
    opens second factory as it emerges as an important EV manufacturer", *Eletrek*,
    May 31, 2018, https://electrek.co/2018/05/31/dhl–streetscooter–second–electric–
    vehicle–factory/.

6   Jacques Bughin, Laura LaBerge, and Anette Mellbye, "The case for digital
    reinvention", McKinsey & Company, February 2017, https://www.mckinsey.
    com/business–functions/digital–mckinsey/our–insights/the–case–for–digital–
    reinvention.

7   "Building a Tech–Enabled Ecosystem: An Interview with Ping An's Jessica Tan",

McKinsey Quarterly, December 2018, https://www.mckinsey.com/featured–insights/china/building–a–tech–enabled–ecosystem–an–interview–with–ping–ans–jessica–tan.

8   Jacques Bughin, Laura LaBerge, and Anette Mellbye, "The case for digital reinvention", McKinsey & Company, February 2017, https://www.mckinsey.com/business–functions/digital–mckinsey/our–insights/the–case–for–digital–reinvention.

9   Daniel Pacthod, Kevin Sneader, and Anand Swaminathan, "Why Legacy Companies Must Reinventor Die", *Fortune*, September 24, 2018, http://fortune.com/2018/09/24/business–strategy–technology–mckinsey/.

10   McKinsey & Company, "AI Adoption Advances, but Foundational Barriers Remain", November 2018, https://www.mckinsey.com/featured–insights/artificial–intelligence/ai–adoption–advances–but–foundational–barriers–remain.

11   Peter Bisson, Bryce Hall, Brian McCarthy, and Khaled Rifai, "Breaking Away: The Secrets to Scaling Analytics", McKinsey & Company, May 2018, https://www.mckinsey.com/business–functions/mckinsey–analytics/our–insights/breaking–away–the–secrets–to–scaling–analytics.

12   Nicolaus Henke, Jacques Bughin, Michael Chui, James Manyika, Tamim Saleh, Bill Wiseman, and Guru Sethupathy, "The Age of Analytics: Competing in a Data–Driven World", McKinsey Global Institute, December 2016, https://www.mckinsey.com/business–functions/mckinsey–analytics/our–insights/the–age–of–analytics–competing–in–a–data–driven–world.

13   McKinsey & Company, "A Winning Operating Model for Digital Strategy", January 2019, https://www.mckinsey.com/business–functions/digital–mckinsey/our–insights/a–winning–operating–model–for–digital–strategy.

14   맥킨지 분석 팀은 기업의 실적과 운영 프랙티스의 실행 빈도 사이의 관계를 다각도로 살펴봤다. 연구 결과, 이러한 디지털 전략 프랙티스가 더 자주 수행될 때 매출과 EBIT가 증가하는 것으로 나타났다. 반대로 기업들이 이러한 프랙티스를 더디게 수행할 땐 매출과 EBIT가 악화됐다.

15   Angus Dawson, Martin Hirt, and Jay Scanlan, "The Economic Essentials of Digital Strategy", *McKinsey Quarterly*, March 2016, http://digitalmarketing.temple.edu/

wp–content/uploads/sites/200/2018/08/The–economic–essentials–of–digital–strategy.pdf.

16   Tanguy Catlin, Jay Scanlan, and Paul Willmott, "Raising your Digital Quotient", McKinsey&Company, June 2015, https://www.mckinsey.com/business–functions/strategy–and–corporate–finance/our–insights/raising–your–digital–quotient.

17   "The Data Disconnect", *McKinsey Quarterly Five Fifty*, https://www.mckinsey.com/business–functions/mckinsey–analytics/our–insights/five–fifty–the–data–disconnect.

18   Nicolaus Henke, Jacques Bughin, Michael Chui, James Manyika, Tamim Saleh, Bill Wiseman, and Guru Sethupathy, "The Age of Analytics: Competing in a Data–Driven World", McKinsey Global Institute, December 2016, https://www.mckinsey.com/business–functions/mckinsey–analytics/our–insights/the–age–of–analytics–competing–in–a–data–driven–world.

19   Sam Bourton, Johanne Lavoie, and Tiffany Vogel, "Will Artificial Intelligence Make You a Better Leader?", *McKinsey Quarterly*, April 2018, https://www.mckinsey.com/business–functions/organization/our–insights/will–artificial–intelligence–make–you–a–better–leader.

20   Mike Berardino, "Mike Tyson explains one of his most famous quotes", November 9, 2012, *South Florida Sun Sentinel*, https://www.sun–sentinel.com/sports/fl–xpm–2012–11–09–sfl–mike–tyson–explains–one–of–his–most–famous–quotes–20121109–story.html.

21   McKinsey & Company, "AI Adoption Advances, but Foundational Barriers Remain", November 2018, https://www.mckinsey.com/featured–insights/artificial–intelligence/ai–adoption–advances–but–foundational–barriers–remain.

22   Michael Bender, Nicolaus Henke, and Eric Lamarre, "The Cornerstones of Large–Scale Technology Transformation", *McKinsey Quarterly*, October 2018, https://www.mckinsey.com/business–functions/digital–mckinsey/our–insights/the–cornerstones–of–large–scale–technology–transformation.

23   Peter Bisson, Bryce Hall, Brian McCarthy, and Khaled Rifai, "Breaking Away: The Secrets to Scaling Analytics", McKinsey & Company, May 2018, https://www.mckinsey.com/business–functions/mckinsey–analytics/our–insights/breaking–

24   Eric Lamarre and Brett May, "Ten Trends Shaping the Internet of Things Business Landscape", McKinsey & Company, January 2019, https://www.mckinsey.com/business–functions/digital–mckinsey/our–insights/ten–trends–shaping–the–internet–of–things–business–landscape.

25   Michael Bender, Nicolaus Henke, and Eric Lamarre, "The Cornerstones of Large–Scale Technology Transformation", *McKinsey Quarterly,* October 2018, https://www.mckinsey.com/business–functions/digital–mckinsey/our–insights/the–cornerstones–of–large–scale–technology–transformation.

26   McKinsey & Company, "How Digital Reinventors Are Pulling Away from the Pack", October 2017, https://www.mckinsey.it/idee/how–digital–reinventors–are–pulling–away–from–the–pack.

27   Crunchbase, https://www.crunchbase.com/organization/axel–springer/acquisitions/acquisitions_list#section–acquisitions.

28   Lucinda Southern, "The Secret to Axel Springer's Success: A Diverse Digital Portfolio", *Digiday*, April 1, 2016, https://digiday.com/uk/inside–axel–springers–digital–investment–strategy/.

29   Rohit Bhapkar, Joao Dias, Erez Eizenman, Irene Floretta, and Marta Rohr, "Scaling a Transformative Culture through a Digital Factory", McKinsey & Company, May 2017, https://www.mckinsey.com/business–functions/digital–mckinsey/our–insights/scaling–a–transformative–culture–through–a–digital–factory.

30   "Staying One Step Ahead at Pixar: An Interview with Ed Catmull", *McKinsey Quarterly*, March 2016, https://www.mckinsey.com/business–functions/organization/our–insights/staying–one–step–ahead–at–pixar–an–interview–with–ed–catmull.

31   Jonathan Deakin, Laura LaBerge, and Barbara O'Beirne, "Five Moves to Make during a Digital Transformation", McKinsey & Company, April 2019, https://www.mckinsey.com /business–functions/digital–mckinsey/our–insights/five–moves–to–make–during–a–digital–transformation.

32 "Building Data–Driven Culture: An Interview with ShopRunner CEO Sam Yagan", *McKinsey Quarterly*, February 2019, https://www.mckinsey.com/business–functions/mckinseyanalytics/our–insights/building–an–innovative–data–driven–culture–an–interview–with–shoprunner–ceo–sam–yagan.

33 Yan Han, Evgeniya Makarova, Matthias Ringel, and Vanya Telpis, "Digitization, Automation, and Online Testing: The Future of Pharma Quality Control", McKinsey & Company, January 2019, https://www.mckinsey.com/industries/pharmaceuticals–and–medical–products/our–insights/digitization–automation–and–online–testing–the–future–of–pharma–quality–control.

34 McKenna Moore, "The King of Online Dating's 3 Innovation Tips", *Fortune*, September 25, 2018, http://fortune.com/2018/09/25/king–of–online–dating–tips–innovating–in–your–business/.

35 Madhumita Murgia, "Satya Nadella, Microsoft, on Why Robots Are the Future of Work", *Financial Times*, January 29, 2017, https://www.ft.com/content/7a03c1c2–e14d–11e6–8405–9e5580d6e5fb.

36 Taylor Soper, "In Annual Shareholder Letter, Jeff Bezos Explains Why It Will Never Be Day 2 at Amazon", GeekWire, April 12, 2017, https://www.geekwire.com/2017/full–text–annual–letter–amazon–ceo–jeff–bezos–explains–avoid–becoming–day–2–company.

37 Peter Antman, "Growing up with agile – how the Spotify 'model' has evolved", Slideshare, March 30, 2016, https://www.slideshare.net/peterantman/growing–up–with–agile–how–the–spotify–model–has–evolved.

38 Julie Goran, Laura LaBerge, and Ramesh Srinivasan, "Culture for a Digital Age", *McKinsey Quarterly*, July 2017, https://www.mckinsey.com/business–functions/digital–mckinsey/our–insights/culture–for–a–digital–age.

39 Tanguy Catlin, Laura LaBerge, and Shannon Varney, "Digital Strategy: The Four Fights You Have to Win", *McKinsey Quarterly*, October 2018, https://www.mckinsey.com/business–functions/digital–mckinsey/our–insights/digital–strategy–the–four–fights–you–have–to–win.

40 Charles Duhigg, "What Google Learned from Its Quest to Build the Perfect

Team", *New York Times Magazine*, February 25, 2016, https://www.nytimes.
com/2016/02/28/magazine/what–google–learned–from–its–quest–to–build–the–
perfect–team.html.

41 Justin Bariso, "Google Has an Official Process in Place for Learning from Failure—
and It's Absolutely Brilliant", *Inc.*, May 14, 2018, https://www.inc.com/justin–bariso/
meet–postmortem–googles–brilliant–process–tool–for–learning–from–failure.html.

42 McKinsey & Company, "How to Create an Agile Organization", October 2017,
https://www.mckinsey.com/business–functions/organization/our–insights/how–
to–create–an–agile–organization.

43 McKinsey & Company, "Finding Talent and Speed to Transform a Credit–Card
Company into a Digital Native", December 2018, https://www.mckinsey.com/
business–functions/digital–mckinsey/our–insights/finding–talent–and–speed–to–
transform–a–credit–card–company–into–a–digital–native.

44 Benedict Sheppard, Hugo Sarrazin, Garen Kouyoumjian, and Fabricio Dore, "The
Business Value of Design", *McKinsey Quarterly*, October 2018, https://www.
mckinsey.com/business–functions/mckinsey–design/our–insights/the–business–
value–of–design.

45 Ibid.

46 Ibid.

47 Numetrics analysis. Numetrics is a McKinsey analytics service.

48 Scott Keller and Mary Meaney, "Attracting and Retaining the Right Talent",
McKinsey&Company, November 2017, https://www.mckinsey.com/business–
functions/organization/our–insights/attracting–and–retaining–the–right–talent.

49 "Disruptive Forces in the Industrial Sectors", Global Executive Survey, McKinsey
& Company, March 2018, https://www.mckinsey.com/~/media/McKinsey/
Industries/Automotive%20and%20Assembly/Our%20Insights/How%20
industrial%20companies%20can%20respond%20to%20disruptive%20forces/
Disruptive–forces–in–the–industrial–sectors.ashx.

50 McKinsey & Company, "AI Adoption Advances, but Foundational Barriers

Remain", November 2018, https://www.mckinsey.com/featured–insights/artificial–intelligence/ai–adoption–advances–but–foundational–barriers–remain.

51 McKinsey & Company, "Unlocking Success in Digital Transformations", October 2018, https://www.mckinsey.com/business–functions/organization/our–insights/unlocking–success–in–digital–transformations.

52 Nicolaus Henke, Jacques Bughin, Michael Chui, James Manyika, Tamim Saleh, Bill Wiseman, and Guru Sethupathy, "The Age of Analytics: Competing in a Data–Driven World", McKinsey Global Institute, December 2016, https://www.mckinsey.com/business–functions/mckinsey–analytics/our–insights/the–age–of–analytics–competing–in–a–data–driven–world.

53 Nicolaus Henke, Jacques Bughin, Michael Chui, James Manyika, Tamim Saleh, Bill Wiseman, and Guru Sethupathy, "The Age of Analytics: Competing in a Data–Driven World", McKinsey Global Institute, December 2016, https://www.mckinsey.com/business–functions/mckinsey–analytics/our–insights/the–age–of–analytics–competing–in–a–data–driven–world.

54 McKinsey & Company, "Unlocking Success in Digital Transformations", October 2018, https://www.mckinsey.com/business–functions/organization/our–insights/unlocking–success–in–digital–transformations.

55 Wan–Lae Cheng, Thomas Dohrmann, and Jonathan Law, "The AI Factor in Talent Management: An Interview with Catalyte's Jacob Hsu and Mike Rosenbaum", McKinsey & Company, September 2018, https://www.mckinsey.com/industries/public–sector/our–insights/the–ai–factor–in–talent–management–an–interview–with–catalytes–jacob–hsu–and–mike–rosenbaum.

56 James Manyika, Michael Chui, Brad Brown, Jacques Bughin, Richard Dobbs, Charles Roxburgh, and Angela Hung Byers, "Big Data: The Next Frontier for Innovation, Competition, and Productivity", McKinsey Global Institute, May 2011, https://www.mckinsey.com/business–functions/digital–mckinsey/our–insights/big–data–the–next–frontier–for–innovation;the Conference Board and McKinsey & Company; State of Human Capital Survey, 2012.

57 Pablo Illanes, Susan Lund, Mona Mourshed, Scott Rutherford, and Magnus Tyreman, "Retraining and reskilling workers in the age of automation", McKinsey Global Institute, January 2018, https://www.mckinsey.com/featured–insights/

future–of–work/retraining–and–reskilling–workers–in–the–age–of–automation.

58 Ibid.

59 Tanya Staples, "Introducing the 2018 Workplace Learning Report: Talent Development's New Role in Today's Economy", LinkedIn: The Learning Blog, February 27, 2018, https://learning.linkedin.com/blog/learning–thought-leadership/introducing–the–2018–workplace–learning–report—talent–developme.

60 Ramona Schindelheim, "Shaping the Future Workforce: AT&T's Chief Learning Officer Helps Instill Culture of Lifelong Learning", WorkingNation, January 29, 2018, https://workingnation.com/shaping–future–workforce–john–palmer/.

61 John Donovan and Cathy Benko, "AT&T's Talent Overhaul", *Harvard Business Review*, October 1, 2016, https://hbr.org/product/at–t–s–talent–overhaul/R1610E–PDF–JPN?referral=03069.

62 Matt Deimund, Michael Drory, Daniel Law, and Maria Valdivieso, "The Five Things Sales–Growth Winners Do to Invest in Their People", McKinsey & Company, October 2018, https://www.mckinsey.com/business–functions/marketing–and-sales/our–insights /the–five–things–sales–growth–winners–do–to–invest–in–their-people.

63 Richard Benson–Armer, Arne Gast, and Nick van Dam, "Learning at the Speed of Business", *McKinsey Quarterly*, May 2016, https://www.mckinsey.com/business-functions/organization/our–insights/learning–at–the–speed–of–business.

64 Julie DeLoyd, Maria Valdivieso, Ben Vonwiller, and Michael Viertler, "For Top Sales–Force Performance, Treat Your Reps like Customers", McKinsey & Company, June 2017, https://www.mckinsey.com/business–functions/marketing–and–sales/our-insights/for–top–sales–force–performance–treat–your–reps–like–customers.

65 Jenifer Robertson, "How to Build a Culture of Learning", AT&T Technology Blog, May 24, 2018, https://about.att.com/innovationblog/culture_of_learning.

66 Bertil Chappuis, Steve Reis, Maria Valdivieso De Uster, and Michael Viertler, "Boosting Your Sales ROI: How Digital and Analytics Can Drive New Performance and Growth", McKinsey & Company, February 2018, https://www.mckinsey.com/

business–functions/marketing–and–sales/our–insights/boosting–your–sales–roi.

67 Emily Ross, Bill Schaninger, and Emily Seng Yue, "How to Advance Your Talent Plan to Stay Relevant", McKinsey & Company, August 27, 2018, https://www.mckinsey.com/business–functions/organization/our–insights/the–organization–blog/how–to–advance–your–talent–plan–to–stay–relevant.

68 Stackoverflow.com 2018 survey.

69 RiseSmart, "The Connection between HR Analytics and Employer Brand: Are You Using Big Data to Manage Your Employer Brand?", https://info.risesmart.com/wp–rg–insight–whitepaper.

70 Scott Keller and Mary Meaney, "Attracting and Retaining the Right Talent", McKinsey & Company, November 2017, https://www.mckinsey.com/business–functions/organization/our–insights/attracting–and–retaining–the–right–talent.

71 Oliver Fleming, Tim Fountaine, Nicolaus Henke, and Tamim Saleh, "Ten Red Flags Signaling Your Analytics Program Will Fail", McKinsey & Company, May 2018, https://www.mckinsey.com/business–functions/mckinsey–analytics/our–insights/ten–red–flags–signaling–your–analytics–program–will–fail.

72 기업이 자체 개발하는 애플리케이션으로 얻을 수 있는 경쟁 우위는 대부분의 부문에서 거의 사라져버렸다. 하지만 전용 애플리케이션이 가치를 더할 수 있는 부문은 아직 남아 있다. 바로 증권 거래와 같이 핵심 기능이 실시간으로 실행돼야 하는 비즈니스 부문이 주를 이룬다.

73 McKinsey & Company, "IT's Future Value Proposition", July 2017, https://www.mckinsey.com/business–functions/digital–mckinsey/our–insights/its–future–value–proposition.

74 McKinsey & Company, "AI Adoption Advances, but Foundational Barriers Remain", November 2018, https://www.mckinsey.com/featured–insights/artificial–intelligence/ai–adoption–advances–but–foundational–barriers–remain.

75 McKinsey & Company, "A Winning Operating Model for Digital Strategy", January 2019, https://www.mckinsey.com/business–functions/digital–mckinsey/our–insights /a–winning–operating–model–for–digital–strategy.

76 McKinsey & Company, "A Winning Operating Model for Digital Strategy", January 2019, https://www.mckinsey.com/business-functions/digital-mckinsey/our-insights/a-winning-operating-model-for-digital-strategy.

77 "Can IT rise to the digital challenge?", McKinsey & Company, October 2018, https://www.mckinsey.com/business-functions/digital-mckinsey/our-insights/can-it-rise-to-the-digital-challenge.

78 디지털 인재를 정규직으로 채용하는 것이 유리하다. 그러나 디지털 전환의 초기 단계에서 아직 새로운 솔루션 개발을 담당할 인력을 확보하지 못한 경우, 심각한 디지털 인재 격차(talent gap)를 해소하기 위해 계약직이나 단기 근무 직원을 채용하려는 기업들도 있다.

79 "Can IT rise to the digital challenge?", McKinsey & Company, October 2018, https://www.mckinsey.com/business-functions/digital-mckinsey/our-insights/can-it-rise-to-the-digital-challenge.

80 Based on data from the Global State of Online Digital Trust Survey and Index 2018 from CA Technologies, https://www.ca.com/us/collateral/white-papers/the-global-state-of-online-digital-trust.html.

81 Digital Transformation Security Global Survey, 2016, https://www.oneidentity.com/whitepaper/global-survey-digital-transformation-security-survey8113164/.

82 일반적으로 제품 출시 관리 팀이 개발자들을 지원하지만, 때로는 팀이나 개발자가 출시 '기계'에 코드를 입력하거나 오류가 발생했을 때 잘못된 코드를 삭제하는 권한을 갖고, 이에 대한 최종 책임을 진다.

83 "2017 Data Breach Investigations Report (DBIR) from the Perspective of Exterior Security Perimeter", Verizon, July 26, 2017, https://www.verizondigitalmedia.com/blog/2017/07/2017-verizon-data-breach-investigations-report/.

84 Tessa Basford and Bill Schaninger, "The four building blocks of change", *McKinsey Quarterly*, April 2016, https://www.mckinsey.com/business-functions/organization/our-insights/the-four-building-blocks—of-change

85 McKinsey & Company, "Unlocking Success in Digital Transformations", October 2018, https://www.mckinsey.com/business-functions/organization/our-insights/unlocking-success-in-digital-transformations.

86   "2017 America's Most Admired Knowledge Enterprises (MAKE) Report", http://
      www.cewd.org/documents/2017AmericasMAKE–ExecutiveSummary.pdf.

87   McKinsey & Company, "How to Create an Agile Organization", October 2017,
      https://www.mckinsey.com/business–functions/organization/our–insights/how–
      to–create–an–agile–organization.

88   2019년 3월 26일, 우버(Uber)가 31억 달러에 카림을 인수하기로 합의했다. 이로써 카림은
      중동에서 최초의 기술 '유니콘' 기업(기업 가치가 10억 달러를 웃도는 스타트업–옮긴이)으로 거듭났다.

89   McKinsey & Company, "Unlocking Success in Digital Transformations", October
      2018, https://www.mckinsey.com/business–functions/organization/our–insights/
      unlocking–success–in–digital–transformations.

90   "Winning with Talent", McKinsey & Company research, 2017.

91   Jonathan Deakin, Laura LaBerge, and Barbara O'Beirne, "Five Moves to Make
      during a Digital Transformation", McKinsey & Company, April 2019, https://www.
      mckinsey.com/business–functions/digital–mckinsey/our–insights/five–moves–to–
      make–during–a–digital–transformation.

92   Ibid.

93   Jacques Bughin, Tanguy Catlin, and Laura LaBerge, "How Digital Reinventors Are
      Pulling Away from the Pack", McKinsey & Company, October 27, 2017, https://
      www.mckinsey.com/business–functions/digital–mckinsey/our–insights/how–
      digital–reinventors–are–pulling–away–from–the–pack.

94   Ibid.

95   Ibid.

96   Richard Branson, "My Top 10 Quotes on Communication", Virgin, May 11, 2015,
      https://www.virgin.com/richard–branson/my–top–10–quotes–on–communication.

97   David Beaumont, Joël Thibert, and Jonathan Tilley, "Same Lean Song, Different
      Transformation Tempo", McKinsey & Company, September 2017, https://www.
      mckinsey.com/business functions/operations/our–insights/same–lean–song–

different–transformation–tempo.

98 Ibid.

99 Ibid.

100 Peter Breuer and Gemma D'Auria, "Reshaping 'Retailtainment' in the Middle East and Beyond", McKinsey & Company, August 2017, https://www.mckinsey.com/industries/retail/our–insights/reshaping–retail–tainment–in–the–middle–east–and–beyond.

101 Marguerite Ward, "Why PepsiCo CEO Indra Nooyi Writes Letters to Her Employees' Parents", CNBC, February 1, 2017, https://www.cnbc.com/2017/02/01/why–pepsico–ceo–indra–nooyi–writes–letters–to–her–employees–parents.html.

102 Ali Montag, "Jeff Bezos' First Desk at Amazon Was a Door with Four–by–Fours for Legs—Here's Why It Still Is Today", CNBC, January 23, 2018, https://www.cnbc.com/2018/01/23/jeff–bezos–first–desk–at–amazon–was–made–of–a–wooden–door.html.

103 Andrew Hill, "Can Microsoft's Chief Satya Nadella Restore It to Glory?", *Financial Times*, October 13, 2017, https://www.ft.com/content/081b2240–ae7e–11e7–aab9–abaa44b1e130.

104 Roger Bannister, "Roger Bannister: 'The Day I Broke the Four–Minute Mile,'" Telegraph (UK), March 30, 2014, https://www.telegraph.co.uk/sport/10731234/Roger–Bannister–The–day–I–broke–the–four–minute–mile.html.

105 Canada Pension Plan Investment Board and McKinsey & Company, "Focusing Capital on the Long Term", survey, 2016.

106 Rensselaer Polytechnic Institute, "Minority Rules: Scientists Discover Tipping Point for the Spread of Ideas", ScienceDaily, July 26, 2011, https://www.sciencedaily.com/releases/2011/07/110725190044.htm.

107 McKinsey & Company, "How the implementation of organizational change is evolving", February 2018, https://www.mckinsey.com/business–functions/mckinsey–implementation/our–insights/how–the–implementation–of–

organizational–change–is–evolving.

108 Michael Bucy, Tony Fagan, Benoît Maraite, and Cornelia Piaia, "Keeping Transformations on Target", McKinsey & Company, March 10, 2017, https://www.mckinsey.it/idee/keeping–transformations–on–target.

109 McKinsey & Company, "How the implementation of organizational change is evolving", February 2018, https://www.mckinsey.com/business–functions/mckinsey–implementation/our–insights/how–the–implementation–of–organizational–change–is–evolving.

110 Ibid.

111 Jacques Bughin, Tanguy Catlin, and Laura LaBerge, "How Digital Reinventors Are Pulling Away from the Pack", McKinsey & Company, October 27, 2017, https://www.mckinsey.it/idee/how–digital–reinventors–are–pulling–away–from–the–pack.

112 Dominic Barton, James Manyika, and Sarah Keohane Williamson, "Finally, Evidence That Managing for the Long Term Pays Off", Harvard Business Review, February 9, 2017, https://hbr.org/2017/02/finally–proof–that–managing–for–the–long–term–pays–off.

113 Corporate Performance Analytics; Capital IQ; McKinsey analysis.

114 Ibid.

115 Michael E. Porter and Nitin Nohria, "How CEOs Manage Time", *Harvard Business Review*, July–August 2018, https://www.hbs.edu/faculty/Pages/item.aspx?num=54691.

116 Catherine Clifford, "What Warren Buffett Taught Bill Gates about Managing Time by Sharing His (Nearly) Blank Calendar", CNBC, September 7, 2018, http://ccare.stanford.edu/press_posts/what–warren–buffett–taught–bill–gates–about–managing–time–by–sharing–his–nearly–blank–calendar/.

117 Francesca Gino, "The Business Case for Curiosity", *Harvard Business Review*, September–October 2018, https://hbr.org/2018/09/curiosity.

118 맥킨지의 연구 결과에 따르면, 디지털 재창조자(reinventor)는 첨단 기술의 적용 범위를 확대하고 디지털 기술에 더욱 과감하게 투자하며 회사의 비즈니스 포트폴리오를 획기적으로 바꾸는 특징을 보인다. 여기서 디지털 재창조자는 디지털 네이티브, 디지털 방식으로 경쟁하는 기존 기업, 새로운 시장에서 경쟁하기 위해 디지털로 전환한 기존 기업 등을 아우르며, 전통적인 기존 기업보다 좋은 성과를 낸다. 자세한 내용은 맥킨지 인사이트 '디지털 재창조자들이 앞서 나가는 방법(2017년 10월)' 참조.
https://www.mckinsey.com/business-functions/digital-mckinsey/our-insights/how-digital-reinventors-are-pulling-away-from-the-pack.

사진 77쪽, 79쪽 – 리처드 스미스(Richard Smith)
사진 96쪽 – 클라이브 메이슨(Clive Mason)

옮긴이 송이루

호주 맥쿼리대학교 금융경제학과를 졸업하고 연세대학교 대학원에서 경제학 석사 학위를
받았다. 외국계 은행과 증권사에서 글로벌펀드 컴플라이언스와 리서치 업무를 담당했다. 바
른번역 글밥아카데미를 수료한 후 번역가와 리뷰어로 활동하고 있다. 옮긴 책으로는 《부자
의 패턴》, 《레이 달리오의 금융 위기 템플릿》, 《속마음을 꿰뚫어 보는 기술》이 있다.

초속도
디지털 전환 불변의 법칙

1판 1쇄 인쇄 2021년 9월 22일
1판 1쇄 발행 2021년 9월 29일

지은이 아룬 아로라·피터 댈스트롬·클레멘스 하르타르·플로리안 완델리치
옮긴이 송이루
펴낸이 고병욱

책임편집 윤현주 **기획편집** 장지연 유나경
마케팅 이일권 김윤성 김도연 김재욱 이애주 오정민
디자인 공희 진미나 백은주 **외서기획** 이슬
제작 김기창 **관리** 주동은 조재언 **총무** 문준기 노재경 송민진

펴낸곳 청림출판(주)
등록 제1989 - 000026호

본사 06048 서울시 강남구 도산대로 38길 11 청림출판(주) (논현동 63)
제2사옥 10881 경기도 파주시 회동길 173 청림아트스페이스 (문발동 518 - 6)
전화 02 - 546 - 4341 **팩스** 02 - 546 - 8053
홈페이지 www.chungrim.com
이메일 cr1@chungrim.com
블로그 blog.naver.com/chungrimpub
페이스북 www.facebook.com/chungrimpub

ISBN 978-89-352-1362-7 (03320)